유대인의 **비즈니스는 침대에서** 시작된다

Yudaya Talmud Business
Copyright ⓒ 1998 Jacob Yuroh Teshima
Korean Translation Copyright ⓒ 2013 by Gadian Publishing Co.
All rights reserved.

Korean edition is published by arrangement with Jacob Yuroh Teshima, Japan.

이 책의 한국어판 저작권은 저자와의 독점 계약으로 가디언에 있습니다.
신저작권법에 의하여 한국 내에서 보호를 받는 저작물이므로 무단 전재와
복제를 금합니다.

일러두기

1. 이 책에 인용한 「탈무드」의 내용은 독자가 이해하기 쉽도록 원문을 재구성한 것입니다.
2. 이 책은 필자의 논문 「유대인의 비즈니스 사상」을 재구성한 것으로, 이 책에서 다루는 내용은 「탈무드」
의 중핵을 구성하고 있는 「미쉬나(Mishnah)」 부분 중 「할라카(Halakhah, 유대인의 규범)」에 수록되어 있습니다. '할라카'란 '길'을 의미합니다.
3. 이 책은 2001년도에 출간되었던 「가난해도 부자의 줄에 서라」의 개정증보판입니다.

유대인의 비즈니스는 침대에서 시작된다

1% 부자들의 탈무드 실천법

테시마 유로 지음
한양심 옮김

가디언

차
례

책머리에
무엇이 그들을 부자로 만들었는가? 8

제1장 부자의 줄에 서라

부자가 되려면 밥을 사라 16
자신의 능력으로 먹고사는 자가 위대하다 24
가난한 사람에게는 이자를 받지 않는다 31
위험이 높을수록 돌아오는 이익도 크다 39
시간을 지배하는 자가 인생을 지배한다 46

— 머리맡에 두고 읽는 탈무드 지혜 1 '세 개의 빵'이 주는 교훈 51
— 유대인의 금전 철학 59

제2장 비즈니스는 넓게, 얕게, 많이

이익의 절반을 가지려면 사업을 한다 62
빌려주는 것도 좋은 사업이다 67
고객의 이익이 최우선이다 73
작게 시작해 크게 키운다 78
상품을 눈으로 확인한 후 장사를 시작한다 86
돈 되는 정보는 누설하지 않는다 93

— 머리맡에 두고 읽는 탈무드 지혜 2 유대인의 '박리다매' 사업 발상 102
— 유대인의 장사 철학 105

제3장 신용은 최고의 화폐

정직한 '품질과 가격'이 신용이다 108
신중함이 없으면 신뢰도 없다 113
원인을 제공했다면 반드시 책임을 진다 119
관리 소홀의 책임도 배상한다 125
지위가 높을수록 책임지는 법을 배워야 한다 130
물건뿐만 아니라 서비스까지 책임진다 138
죄를 졌다면 죗값을 치러야 한다 144

— 머리맡에 두고 읽는 탈무드 지혜 3 미국 증시의 깨끗한 손, 아서 레빗 150
— 유대인의 비즈니스 철학 154

제4장 치밀한 계약이 이익을 보장한다

도장을 찍기 전에 책임자를 분명히 한다 158
의무를 성실하게 이행한다 164
사전에 책임 범위를 명확하게 규정한다 169
나중에 불씨가 될 문제는 미리 차단한다 175
소유권은 수중에 확보한 사람의 것이다 181
확실하게 점유해야 소유권이 확보된다 187
적어도 세 방향에서 관찰한다 195

— 머리맡에 두고 읽는 탈무드 지혜 4 "너, 엄마와 계약한 적 있니?" 201
— 유대인의 거래 철학 205

제5장 지혜는 마르지 않는 금고

서로 위하며 사는 것이 세상이다 208
만장일치로 결정된 것은 무효다 213
휴식이야말로 생산의 동력이다 221
벼랑 끝에 선 자가 성공을 향해 뛰어든다 226
지혜로운 자를 먼저 구출한다 235
배우는 것 이상으로 실천한다 242
지혜는 가장 값비싼 상품이다 247

— 머리맡에 두고 읽는 탈무드 지혜 5 "좋은 경제 운용은 좋은 정치이기도 하다" 255
— 유대인의 삶의 철학 263

부록
유대인과 『탈무드』 264

··· 책머리에

무엇이 그들을
부자로 만들었는가?

세계 인구의 0.25%에 불과하지만, 노벨상 수상자의 20%를 차지하고, 전 세계 억만장자 상위 400명 중에 15%를 차지하는 유대인들. 뉴욕 시장 마이클 블룸버그, 페이스북 CEO 마크 주커버그, 스타벅스 창업주 하워드 슐츠, 영화제작자 워너 형제와 스티븐 스필버그, 유럽 금융의 대부 로스차일드, 투자의 제왕 조지 소로스, 언론의 황제 루퍼드 머독, 월트 디즈니 회장 마이클 아이즈너, 유행을 이끄는 랄프 로렌, 경영학의 대부 피터 드러커, 외교관 헨리 키신저 등 일일이 열거하기도 힘든 그들은 세계 경제를 주름잡고 있다.

이렇게 세계적으로 명성 있는 인물과 대부호를 많이 배출한 것은 유대인이 다른 민족에 비해 천부적으로 우수해서일까? 오랫동안 유대인을 연구한 필자의 입장에서 보면 세계 여러 민족과 유대인 간에 선천적인 재능의 차이가 있다는 것을 발견하지 못했다. 특별한 것이 있다면 대개 나라를 잃은 민족은 뿔뿔이 흩어져서 종국에는 강자의 문화에 동화되기 마련인데 유대인만은 그렇지 않았다는 것이다. 그것도 100~200년도 아닌 5,000년 가까운 긴 시간 동안 박해와 이산의 역사를 겪으며, 또 자신들의 근원을 짓밟히는 수많은 역경 속에서도 필사적으로 민족의 얼과 철학, 사상, 규범을 잊지 않고 기억해왔다. 오히려 박해와 불행이 닥칠 때마다 그것을 미래에 대한 교훈으로 여겼고, 지금은 거의 모든 분야에서 두각을 나타내고 있다.

그 비결은 무엇일까? 유대인은 살아남기 위해 창과 무기를 만드는 일에 앞서 학문의 길을 닦았다. 학문이 없는 곳엔 아무리 훌륭한 창칼이 있어도 그것은 녹슨 고철과 다름없다고 생각했기 때문이다.『토라(Torah, 모세5경)』와『탈무드(Talmud)』를 학습하는 것이 그것이다.

그래서일까? 유대인은 위기에 직면해도 결코 절망하거나 포기하는 일이 없다. 그들은 최선의 선택을 하기 위해 가능한 한 여러 각도에서 모든 문제점을 파악하며, 가장 합리적인 제안이 나올 때까지 끝까지 희망을 가지고 끊임없이 해결 방안을 논의하며 최상의 결론을 내기 위해 노력한다. 이러한 자세는 조상 대대로 이어받은 소중한 정신적 유산이자 전통이다.

그러한 유대 민족의 오랜 전통을 기록으로 정리한 문헌이 바로『토라』이며『탈무드』다.『토라』는 유대인의 오래된 정신적 지주로서 그들의 삶을 지탱해온 모세의 '십계'를 가리키기도 하며, '십계'의 계율이나 명령을 수록한『모세 5경』을 가리키기도 한다. 그런데『토라』그 자체는 하나님으로부터 받은 율법이므로 그것을 어떻게 운용하고 현실에 적용할 것인가에 대해서는 각자가 깊이 생각하고 연구해야 한다.

반면에『탈무드』는『토라』에 기록된 계율의 실천 방법을 둘러싼 규범이나 해석·논의·의견·토론, 그리고 결론을 수록한 방대한 법전이다. 이러한『탈무드』는 유대 민족의 지혜의 소산으로서, 수천 년 동안 세계 각지에 흩어져 수난의 역사를 통과해야 했던 유대 민족을 이끌어주었다. 수천 년을 이어온 공동의 윤리가 있었기에, 그들은 세계 각지에 흩어져 살아도 민족적 자부심과 전통을 잃지 않고 서로 도우며 큰 성공을 일궈낼 수 있었다.

그런데 『탈무드』를 보면 유독 '돈'에 대한 냉철한 현세 철학이 많이 언급되어 있는 것을 볼 수 있다. '돈은 모든 문을 열어주는 황금열쇠이자 모든 장애물을 치워주는 황금 지팡이다'라는 격언으로 요약되는 유대인의 돈에 대한 사고방식에는 사실 오랜 고난의 세월을 겪어온 그들의 역사적 배경과 사연이 존재하고 있다. 유대인에게 있어 돈을 번다는 것은 다른 민족들처럼 단순히 의·식·주의 생활을 영위하고 사치를 위한 수단으로서가 아닌, 자신들의 생존을 위해 필수불가결한 행위였다.

자신들을 지켜줄 나라가 없는 유대인에게 돈마저 없다면 권력자나 이웃으로부터 곧바로 박해와 차별을 받아야만 했다. 심지어 생명의 위협까지 받는 상황에서 그들은 필사적으로 돈을 벌어야만 했던 것이다. 행복을 꿈꾸기에 앞서 늘 생존의 위협에 노출된 수천 년 유랑생활의 역사를 통해 유대인은 돈이 가진 힘과 위력, 바꾸어 말하면 돈의 고마움을 누구보다도 잘 알고 있었던 것이다. 그래서 유대인들은 항상 머리맡에 탈무드를 두고 밤낮없이 읽고 또 읽으며 돈의 중요성을 배우고, 돈에 대해 토론했다. 나아가 원전에 등장하는 무수한 현인들의 가르침을 연구하고 그 속에서 비즈니스 지혜를 찾아내어 부단히 연마하기도 했다.

그 유명한 금융 재벌 로스차일드가(家)를 세운 마이어 암셀 로스차일드도 주말마다 가졌던 『탈무드』 연구를 더없는 기쁨으로 여겼다고 한다. 『탈무드』는 인간과 인간 사이에서 반드시 지켜야 할 지혜를 가르친다. 로스차일드에게 『탈무드』 연구는 비즈니스 방법, 위기 대처 방법, 협상 방법, 논리 구성 방법, 계약 방법 등을 강구하는 데 큰 도움이 되었다. 그의 습관, 품성, 인격, 나아가 지능까지도 상당 부분 이 베갯머리 독서로 결정되었다고 해도 과언이 아니다.

『탈무드』는 그 원문이 5,000쪽 이상이나 되고 단어의 수만도 무려 250여 만 개에 달하며 무게가 75킬로그램이나 되는 방대한 문헌이다. 이렇게 방대한 『탈무드』가 오직 유대인만의 일상생활과 밀접하게 관계하고 있다고 볼 수만은 없다. 하지만 『탈무드』의 지혜는 '산 경험에서 얻은 5,000년의 지혜'이며 오랜 세월 동안 유대인이 직면해온 수많은 문제들을 해결하는 과정에서 축적되어 온 유대 민족의 소중한 유산이다. 이런 지적 재산과 정신적 자양분이 집대성되어 있는 『탈무드』는 우리 모두에게도 도움이 되는 지식의 보고(寶庫)이기도 하다.

이런 『탈무드』의 지혜를 조금이라도 파악할 수 있다면 우리도 한층 강화된 사고력과 정신력으로 삶을 보다 풍요롭게 만들 수 있지 않을까? 이것이 이 책을 집필하게 된 동기다. 그러나 이 책을 통해 유대인의 성공 비결을 얻는 것은 순전히 우리의 몫이다. '모든 것을 팔아야 한다면 마지막까지 남겨야 하는 것은 지혜다'라는 유대인의 배움에 대한 간절함을 배우고 '실행하고 나서 듣는다'는 유대인의 적극적인 실천 정신을 배운다면 필자로서는 더할 나위 없이 기쁠 것이다. 항상 읽고 질문을 하고, 더 나은 해결책을 끊임없이 찾고 탐구해왔던 유대인들. 이것이 그들이 놀라운 성공을 이루어내는 비결이다. 이제 부를 창출하기 위한 지혜의 세계로 들어가보자.

테시마 유로

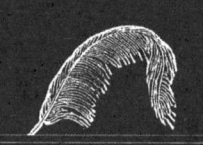

우리가 돈에 대해 배워야 하는 것은 단순히 부자가 되기 위해서가 아니다. 살고 싶은 집, 먹고 싶은 음식, 입고 싶은 옷, 타고 싶은 차, 그 외 가지고 싶은 것을 마음 대로 할 수 있으면 그 이상 돈은 의미가 없다. 그런데 우리 삶의 대부분은 돈의 방해로부터 자유롭지 못하다. 오히려 돈에 이끌려 다니느라 삶을 허비한다. 행복한 사람들은 적어도 일상생활에서 돈을 의식하지 않는다. 행복을 돈으로 살 수는 없다. 그러나 돈이 없으면 더 불행해지는 것은 분명하다. 행복을 꿈꾸기에 앞서 늘 생존의 위협에 노출된 수천 년 유랑생활의 역사를 통해 유대인은 돈이 가진 힘과 위력, 바꾸어 말하면 돈의 고마움을 누구보다도 잘 알고 있었다. 그래서 유대인들은 탈무드를 곁에 두고 아침 밥상머리에서부터 잠자리의 침대에까지 자녀들과 돈에 대해 토론하고 가르쳤다.

제 1 장

부자의 줄에 서라

··· 탈무드 실천법 01

부자가 되려면 밥을 사라

같은 양을 돌려받는다는 조건하에 소작인에게 종자용으로 밀을 빌려주는 것은 좋지만, 식용으로 빌려줘서는 안 된다.
미쉬나 「바바 메치아」편, 5·8

돈의 위력은 빈부 차이에 있다

돈은 많으면 많을수록 좋다. 그러나 모든 사람이 돈을 풍족하게 갖게 되면 돈의 가치는 내려간다. 빈부의 차가 있기 때문에 돈은 위력을 발휘하는 것이다.

부자는 가난한 사람을 전제로 하고 있다. 만약 모든 사람들이 부자가 되어버린다면 부자가 되어도 의미가 없을 것이다.

모두가 동등한 부를 가진 사회의 예로 이스라엘의 협동조합적 사회집단인 키부츠(Kibbutz)를 들 수 있다. 그러나 키부츠에서도 누군가가 좋은 선물을 받게 되면 주위에서 따가운 질투의 시선을 보낸다. 키부츠와 같은 평등 사회에서는 타인이 풍요롭게 되는 것을 결코 허락하지 않으며 균형이 깨지는 것을 원치 않기 때문이다. 그러면서도 자기 자신은 남보다 풍요롭게 되기를 원한다. 그것이 인간의 속성이 아닐까?

부자의 줄에 서야 부자가 된다

부자가 되기 위해 우리가 결코 잊어서는 안 되는 사실은 "부자는 궁핍하지 않다"는 사실이다. 부의 불균형 위에 부자가 생기기 때문에 부자는 영원히 부자 그룹에 속하며, 가난한 사람은 영원히 가난한 사람들의 그룹에 속하게 된다.

그러나 때로 가난한 사람과 부자 사이에 있는 거대한 벽을 뛰어넘는 사람은 설사 겉모습은 가난하게 보일지라도 그 행동은 부자의 행동을 취하게 되며 부자의 마지막 줄에라도 서게 되는 것이다.

부자의 마지막 줄에 선 사람이 가난한 사람들의 가장 앞줄에 선 사람보다 실제로 부자가 아닐 수도 있다. 설사 그렇더라도 부자의 줄에 서는 것이 낫다. 왜냐하면 마지막 줄이라도 부자의 줄에 서 있는 사람은 부자의 사고방식을 갖게 되지만, 가장 앞줄이라도 가난한 사람들의 줄에 서 있으면 영원히 가난이라는 사고방식에서 벗어나지 못하기 때문이다.

유대인 중에 부자가 많은 이유는 그들이 부자의 사고방식을 가지고 있기 때문이다. 이는 실용적 기술이 아닌 철학이다. 유대인들은 그 철학을 일상생활 속에서 실천한다.

그 실천의 기본 덕목은 "부자가 되기를 원한다면 베풀어라"이다. 부자가 되기 위해서는 자신보다 가난한 자에게 기꺼이 베풀어야 한다는 뜻이다. 남에게 베풀 수 있는 것은 그 사람의 마음이 넉넉하기 때문이다. 마음이 넉넉하고 너그러운 사람의 주변에는 많은 사람들이 모여들기 마련이며, 사람들이 모여들면 그만큼 비즈니스 기회가 많아진다. 대부분의 사람들이 '복(福)을 주는 신(神)'하고만 거래하기를 원한다. 다른 사람에게 복을 주기 위해서는 마음이 풍요롭고 넉넉해야 한다. 욕심만으로는 결코 부를 축적할 수 없는 것이다.

타인에게 베푸는 방법으로 물질만 있는 것은 아니다. 소박한 식사라도 그것을 함께할 수 있다면 족하다. 그러한 출발이 결국 큰 사람을 만든다.

유대 격언에 "모르는 사람에게 베푸는 친절은 천사에게 베푸는 친절과 같다"는 말이 있다. 따라서 유대인은 자기 자신보다 더 어려운 자를 만나면 집으로 초대하여 식사를 대접한다. 그것이 언젠가는 미래를 밝혀주는 희망의 등불이 된다는 것을 너무나도 잘 알고 있기 때문이다.

돈이 순환되게 하는 것이 도약의 첫걸음

경기가 나빠질수록 일확천금을 노리는 인간의 욕구가 더욱 강해진다. 그러나 손쉽게 돈을 벌 수 있는 방법 따위는 이 세상에 없으며, 그 욕구는 결국 자신을 파멸 속으로 몰고 갈 뿐이다. 이때야말로 유대인에게 배운 발상의 전환이 필요할 때다.

발상의 전환은 부자보다 가난한 사람들이 압도적으로 많다는 사실에서 출발한다. 그리고 부자는 다수의 가난한 사람들로부터 얻은 이익으로 부를 축적하고 있는 것이지, 결코 부자들로부터 부를 축적하고 있는 것이 아니라는 사실이 뒤따른다.

가난한 사람들이야말로 부의 원천인 것이다. 부유해지기 위한 발상의 원점은 바로 여기에 있다. 여기서 말하는 가난한 사람이란 말 그대로 가난한 사람인 경우도 있고 부자를 포함한 모든 고객일 수도 있다. 왜냐하면 고객(구매자)은 자신이 갖고 있지 않는 물건에 대해 돈을 지불하고 얻기를 원하기 때문이다. 원하는 물건을 갖고 있지 않다는 것은 곧 가난한 것이다.

그렇지만 가난한 사람들로 하여금 한꺼번에 많은 돈을 지불하게 하면 그들의 돈은 곧 바닥나고 만다. 그 때문에 가난한 사람들이 항상 돈을 지니고 있는 가운데 계속해서 물건을 살 수 있도록 해야 한다. 즉 그들이 지닌 소액의 돈을 순환시키면서 그 돈의 몇 퍼센트만을 이윤으로 축적해야 하는 것이다.

이것이 바로 대규모 비즈니스로 도약하는 첫걸음이다. 고객은 약간의 돈을 지불하기 때문에 돈의 순환이 원활해지며, 엄청난 수의 고객으로 인해 축적되는 이윤의 총액은 기하급수적으로 불어난다. 이 사실을 잊고서는 결코 경영의 발전을 기대할 수 없다.

부자 고객에게 눈을 돌려보자. 부자를 상대로 하는 비즈니스, 예를 들면 고급 의상실, 고급 자동차, 고급 레스토랑 등의 경영은 어떤가. 그 경우도 원리는 마찬가지다. 고객이라고 하는 점에서 부자라도 자신이 가지고 있지 않는 것을 구입하기 때문에 역시 가난하다. 부자 고객과 가난한 고객의 차이는, 전자가 고품질의 것을 추구하는 것에 반해 후자는 적당한 품질에 만족한다는 점이다. 거기에서 구매 가격의 격차가 생긴다.

그러나 부자 고객이든 가난한 고객이든 돈을 쉽게 지불하고 싶어 한다. 그 점에서 양자의 요구(Needs)는 일치하고 있다.

성공하려면 지불이 원활하도록 배려하라

비즈니스로 성공하려면 고객의 자금순환과 지불을 원활하게 이끌어낼 수 있도록 세심하게 주의해야 한다. "같은 양을 돌려받는다는 조건하에 소작인에게 종자용으로 밀을 빌려주는 것은 좋지만 식용으로 빌려줘서는 안 된다"는 『탈무드』의 규정은 그 점을 시사하고 있는 대목이다.

종자용으로 밀을 빌려주면 적어도 돌려받을 수는 있다. 그러나 식용으로 밀을 빌려주게 되면 단순 소비가 되기 때문에 먹고 난 후에 남는 것은 빚뿐이다. 이렇게 되면 빌린 사람을 더욱 곤경에 빠뜨리는 결과를 가져온다. 그것은 결국 경제의 악순환으로 이어지며 빌려준 사람도 곤경에 빠지게 된다. 이 때문에 유대인 사회에서는 소비적인 거래 행위를 엄격히 경고하고 있으며, 그와 관련된 이자 역시 금하고 있다.

소비적인 거래 행위뿐만 아니라 생산적인 거래 행위에 있어서도 돈이 원활하게 순환하지 않으면 경제가 흔들린다. 그 같은 상황에 빠지게 되면 빌려준 사람의 손안에 담보가 있어도 최종적으로 그 담보물마저 처리할 수 없는 사태가 벌어진다.

그러므로 사업자는 물론 소비자도 원활하게 자본을 회전할 수 있도록 사회적인 배려가 있어야 한다. 그것이 바로 국가적 차원에서 경제 운영을 책임지고 있는 지도자가 유념해야 할 점이다.

"지불이 원활해지도록 배려한다." 이것이 경제의 기본인 셈이다. 그것은 지불하는 측과 받는 측 모두에게 이롭다. 따라서 원활하게 지불하고 지불받을 수 있는 조건과 가격, 구매욕을 돋우는 상품이나 서비스를 제공하기 위한 방법 등을 판매자 측과 구매자 측이 함께 강구해야 한다. 바로 거기에서 비즈니스는 더욱 성숙한 면모를 갖추게 된다.

대부분의 사람들은 지불이 원활하게 될 수 있는 방법을 강구하지 못하는 경우가 많다. 그러나 대재벌이나 대기업을 세운 사람들은 모두 이 점에 주목하고 끊임없이 연구를 거듭하고 있다.

유럽 최대의 금융 가문을 일으켜 세운 로스차일드는 처음에 고물상부터 시작했으며 영국의 유명 백화점 막스&스펜서(Marks&Spencer)의 주인인 시프가(家)는 초라한 양복점에서 출발했다. 옥시덴탈석유를 국제석유회사로 키운 하마는 알코올에 약용 생강즙을 첨가한 '진저에일(Ginger Ale)'로 엄청난 돈을 벌어 세계로 진출했다. 일본에서 유명한 아사노(野) 시멘트의 창업자 아사노 소이치로(淺野 總一郞)는 물장사부터 시작했다. 그는 도쿄증권거래소의 이사장으로 취임한 인물이기도 하다.

그들은 모두 사회 저변에 깔려 있는 서민의 생활 정서를 숙지하고 거기에서 사업을 확장해갔던 것이다. 또한 그들은 이익이 나올 것 같지도 않은 물건을 팔아 이익을 창출해내는 지혜를 쌓아갔다. 지불만 원활하면 쓰레기 같은 것일지라도 거부(巨富)의 원천이 된다는 것을 그들은 간파하고 있었던 것이다.

"근사한 완성품만을 추구하기보다는 쓰레기도 다시 보자." 이런 색다른 발상으로 비즈니스를 바라보는 것은 새로운 아이디어를 창출하는 사고 전환의 기회가 될 수 있다.

포도밭 여우

어느 날 배고픈 여우가 포도원 옆에 서서, 어떻게든지 그 안에 들어가려고 벼르고 있었다. 그러나 포도원을 두른 울타리 때문에 들어갈 수가 없었다. 그래서 여우는 사흘 동안 굶어 몸을 홀쭉하게 만들어 가까스로 울타리 틈을 비집고 포도원에 들어가는 데 성공했다.

포도원에 들어간 여우는 포도를 배불리 먹은 다음 포도원에서 나가려고 했지만, 이제는 배가 불러 울타리의 틈을 빠져나갈 수가 없었다. 하는 수 없이 다시 사흘 동안 굶어 몸을 홀쭉하게 만들어 겨우 빠져나올 수가 있었다.

그리고 나서 여우가 말하기를,

"결국 뱃속은 들어갈 때나 나갈 때나 똑같구나!"

··· 탈무드 실천법 02

자신의 능력으로 먹고사는 자가 위대하다

아담 단 한 사람만이 세상에 창조되었다. 그것은 씨족이 서로 싸우지 않게 하기 위해서였다. 그것은 또 의인이라는 사람들이 "우리는 올바른 자의 자손이다. 너희들은 악인의 자손이다"라고 말하지 않게 하기 위해서였다.

예루살렘 탈무드 「산헤드린」편, 4·9

자신의 힘으로 살아가는 사람을 존경하라

유대교에서는 지식 습득량에 따라 랍비(Rabbi, 히브리어로 '나의 주인', '나의 스승'이라는 뜻을 가지고 있다)의 자격을 인정한다. 그러면서도 랍비가 위대하다고는 말하지 않는다. 『탈무드』에서 "자신의 힘으로 생활할 수 있는 자는 하늘을 두려워하는 종교가보다도 위대하다"라고 말하는 것은, 학문이 뛰어난 랍비보다 자신의 손으로 생계를 유지하는 자가 더 위대하다는 뜻이다. 이렇듯 유대교에서는 실업(實業)에 종사하는 자를 높이 평가한다.

최초의 인류로서 하나님이 이 땅에 탄생시킨 것은 아담이었다. 왜 아담 한 사람밖에 창조하지 않았던 것일까? 그것은 사람들이 자신의 조상만을 존경하고 다른 사람의 조상을 깔보지 않도록 하기 위한 배려였던 것이다. 인간은 누구나 같은 조상으로부터 태어난 같은 자손이며, 따라서 인간으로서의 존엄성은 모두 같다.

유대교에서는 "사람이 존경할 만한 가치가 있느냐 없느냐는 그가 자신의 힘으로 생활할 수 있느냐 없느냐에 따라 좌우된다"고 가르친다. 학자나 종교가라 할지라도 다른 사람의 원조나 지원에 의존하여 생활한다면 존경의 대상에서 제외된다. 돈과 여유가 있어 그 모든 것을 쏟아 공부에만 열중한다면 누구나 학자가 될 수 있기 때문이다. 참된 학문과 생활력을 얻기 위해서는 일하면서 학문에 임해야 한다.

학교에 가는 진정한 이유는 시야를 넓히고 감정을 풍부하게 하며 스스로 사물을 판단하는 힘을 기르기 위해서다. 『성경』에서 "오늘 제가 하듯이 산 사람, 살아 있는 사람만이 당신을 찬송할 수 있습니다. 아버지는 자식들에게 당신의 성실하심을 알립니다. (이사야 38장 19절)"라고 말한 것은, 부모 된 자는 모름지기 그 자식에게 진실을 아는 능력을 갖추도록 교육해야 한다는 뜻이다. 학교의 기능은 단지 가르치는 것에만 있는 것이 아니라 스스로 진실을 깨닫고 생각하는 힘을 기르도록 하는 데 있다.

능력이 없다고 믿는 자에게는 모든 것이 불가능하다

그렇다면 과연 어떻게 해야 능력을 키울 수 있을까? 여권신장(女權伸張)을 위해 파란만장한 인생을 보낸 독일의 라켈 발룬하겐은 "재능을 갖기 위해서는 개성을 지녀야 한다. 능력이나 타고난 자질만으로 재능이 생기는 것은 아니다"라고 말한다. 철학자 스피노자는 "자신에게 능력이 없다고 믿고 있는 자에게는 모든 것이 불가능하다"고 말했으며, 유대인으로서는 최초로 미국 연방최고재판소 판사를 지낸 루이스 브랜다이스는 "유명인의 능력은 과대평가되고 평범한 사람의 능력은 과소평가된다. 사람에게 기회와 책임을 주고 해보게 하라. 그렇게 하면 사람은 발전하는 법이다"라고 권했다. 즉 경영자에게는 각 개인의 개성을 인정하고 작업을 달성할 때까지 일단 기다려주는 배려가 필요하다는 것이다.

능력을 키우기 위해서는 본인이 직접 하도록 하는 방법밖에 없다. 가르치는 것만으로 능력이 향상되지 않는 것이다. 스스로 직접 해본 결과를 평가하고 자신감을 갖게 하는 것이 중요하다.

그렇게 하기 위해서는 목표에 개인차를 두고 평가하는 것이 좋다. 모두가 같은 시간 내에 같은 작업을 완수할 수 있는 것은 아니며 같은 시간과 같은 작업을 가지고 경쟁하면 반드시 빠른 자와 느린 자가 생기기 마련이다. 그렇게 차이가 생기면 인간관계에 알력이 생길 수도 있고, 질투하거나 의기소침해하는 사람이 나올 수도 있다.

획일적으로 모든 사람을 한 가지 방식으로 평가하면 사람이 발전하지 못한다. 우둔해 보이더라도 꾸준히 노력하고 열심히 일하는 사람에 대해서는 시간을 늘려주고 기다려주어야 한다. 그렇게 하면 언젠가는 목표 수준까지 도달할 수 있게 되고, 일단 목표 수준에 도달하면 조금씩 작업 시간을 단축할 수 있다. 결국 그는 오래지 않아 단시간 동안 목표로 제시된 수준 이상의 일을 전문가처럼 완수할 수 있게 될 것이다.

부모의 배경도 원조도 뿌리친다

유대인들은 자신의 인생을 늘 진지하게 설계하기 때문에 자신이 정말로 하고 싶은 일을 찾을 때까지 몇 번이고 직업을 바꾼다. 필자가 만난 미국의 란스 브라운 씨도 그런 유대인 중 한 사람이었다.

브라운 씨는 40대 초반으로 무역업을 하고 있었다. 그가 어렸을 때 그의 부친은 로스앤젤레스에서 100명의 사원을 둔 꽤 큰 회계사무소를 경영하고 있었는데, 브라운 씨는 대학에서 회계학을 전공하고 졸업과 동시에 부친의 사무소에서 일했다. 그러나 회계 일은 아무래도 자신의 일이 아니라고 생각한 그는 부친의 사무소를 그만두고 혼자 힘으로 무역 일을 시작했다.

그는 지금 주로 골프용품 등 스포츠 관련 용구나 의류품, 액세서리 등을 일본에 수입·판매하고 있다. 영업 거점은 본사가 있는 라스베이거스와 일본, 스위스다. 그가 무역을 시작한 지 아직 10여 년밖에 되지 않았지만 언젠가는 세계적 규모의 무역회사를 만들겠다는 커다란 꿈을 갖고 있다.

다행히 브라운 씨는 단 한 번의 직업 전환으로 자신이 목표로 하는 천직을 찾았다. 그러나 부친의 회계사무소를 그만두는 것 또한 결코 쉬운 결단이 아니었을 것이다. 유대인 사회에서 부자(父子) 관계는 독립된 관계이지만, 성공한 부친의 사업을 미련 없이 버리고 독립한다는 것은 실제로 대단한 용기를 필요로 한다. 그러나 유대인은 부친을 선택할 것인가, 자신을 선택할 것인가 하는 절박한 선택 앞에서 자신을 택한다. 『탈무드』 또한 먼저 "자신을 구하라"고 명한다.

예루살렘 랍비 레비 켈먼의 경우도 그러했다. 그는 대학에서 역사를 공부했지만 대학 졸업 후 생각을 바꿔 랍비가 되기 위해 보수파(派) 유대교의 대학원에 진학했다. 그러나 그는 랍비가 된 지 얼마 되지 않아 다시 보수파를 이탈하고 개혁파로 이적했다. 당시 그의 부친이 보수파 랍비 연맹 의장이었음에도 불구하고 부친의 배경을 뒤로 한 채 자신의 길을 향하여 발을 내딛었던 것이다. 마침내 그는 혼자 힘으로 예루살렘에 교도 1,000명이 넘는 콜 하네샤마 교회를 세우게 되었다.

"자신이 납득할 수 있는 길을 걸어가기 위해서는 부모의 배경도 원조도 뿌리친다." 이것이 유대인의 독립심이며 자유에 대한 열망이다. 독립하여 자유로운 만큼 그들은 모든 일에 진지하게 도전하고, 무슨 일이 있어도 성공하고 말겠다는 뜻을 굽히지 않는다.

히브리어로 '성공'을 의미하는 '하츠하라'는 '츠랏하(일관하다)'에서 온 말이다. 그 말은 자신이 결정한 대로 일관하기 위해서는 결코 후퇴하지 말아야 한다는 의미를 내포하고 있다. 유대인은 끊임없이, 집요하게, 그리고 일관성 있게 자신이 선택한 일을 밀고 나간다.

먹고사는 일에는 귀천이 없다

 몇몇 랍비들은 부유한 가문 태생이었지만,

대부분 일용할 양식을 벌기 위해 겸손히 노동했다.
아키바는 날마다 나뭇단을 주워 모아 내다가 판 돈으로
생활했다. 요수아는 숯을 구웠으며, 자기의 일 때문에
더러워진 방에서 살았다. 메이어는 서기였고 요게 할랍타는
피혁공이었다.
요하난은 구두 직공이었고 유다는 빵 굽는 사람이었으며,
아바 사울은 빵반죽을 빚는 사람이었으며 한편으로는
무덤 파는 자였다.

··· 탈무드 실천법 03

가난한 사람에게는
이자를 받지 않는다

집을 빌려준 사람은 빌려준 집의 안뜰에 무료로 살아서는 안 된다.
또 빌려준 집을, 빌려줄 때의 임대료보다 싼 가격으로 다시 빌려서도
안 된다. 왜냐하면 그러한 행위로 얻은 이득은 이자로 간주되기
때문이다. 안뜰이나 밭 등의 임대료를 올리는 것은 인정하지만 판매
가격을 올려서는 안 된다. 구체적인 예로, 어떤 사람이 안뜰을 임대로
내주면서
"지금 만약 내게 임대료를 지불한다면 1년에 10세라로 당신에게
빌려주겠습니다. 그러나 임대료를 매달 나눠서 지불한다면 1년에
12세라입니다"라고 말했다. 이 계약은 인정된다.
그러나 어떤 사람이 밭을 팔려고 내놓고, 사려는 사람에게 "지금 만약
땅값을 지불한다면 100주즈로 당신의 소유가 됩니다. 그러나 탈곡 시기
에 지불한다면 120주즈입니다"라고 말했다. 이 계약은 금지되고 있다.

미쉬나 「바바 메치아」편, 5·2

기브 앤드 테이크 원칙

흔히 유대인을 일컬어 '비즈니스의 달인'이라고 한다. 그런데 그들이 그렇게 불리게 된 것은 상술에 근거하는 것이 아니다. 그 진정한 근거는 그들이 돈의 흐름을 실시간으로 점검하는 가운데 철저하게 현금 위주로 사업을 했다는 것이다. 이는 유랑하며 살아야 했던 유대인의 숙명적인 위기 대책인지도 모른다.

그런데 그 위기 대책은 '기브 앤드 테이크(Give and Take)' 원칙에 충실함으로써 비로소 가능했던 것이며, '테이크 앤드 테이크(Take and Take)'로는 실현할 수 없었던 것이다. 쉽게 말해 받을 외상값이 많아 계속 독촉한다 해도 상대방이 지불에 응하지 않으면 그것은 아무 소용이 없다는 말이다.

지불 당사자가 기꺼이 지불에 응하기를 원한다면 평소에 지불 당사자에게 비즈니스를 떠난 다른 차원의 것을 제공하지 않으면 안 된다. 제공하는 것이 유형의 상품이나 경품이 될 수도 있지만 대부분은 무형의 서비스다. 이때 무형의 서비스란 정성이 담긴 세심한 정신적 배려다. 정신적 배려는 사업을 쉽게 만들고 자금 회수나 채권 회수를 순조롭게 하는 첫 번째 조건인 것이다.

가난한 사람에게는 이자를 받지 말라

앞에서도 언급했지만 유대교나 이슬람교에서는 같은 종교 신자 간의 돈 거래에서는 이자를 금하고 있다. 그러나 이는 부당한 이자에 대한 금지이며 모든 이자를 금지하고 있다는 것은 아니다. 『모세 5경』이라 불리는 율법서는 이자 금지에 대해 다음과 같이 기술하고 있다.

> 너희가 나의 백성에게, 너희 곁에 사는 가난한 이에게 돈을 꾸어 주었으면, 그에게 채권자처럼 행세해서도 안 되고, 이자를 물려서도 안 된다. … 「출애굽기」 22·25

위의 구절은 당시 가난한 자들에 대한 부자들의 착취가 있었음을 시사하며, 이를 막기 위해 위와 같은 율법이 만들어진 것이다. 이슬람교의 경전인 『코란』에서도 부당한 이자를 엄격히 금하고 있다.

> 신도들이여, 두 배를 또 두 배로 한 이자를 받아서는 안 되느니라. … 「이므란 일가」 125조

이러한 이자 금지 규정의 배경에 있는 것은 약자 보호 사상이며, 영리 활동 그 자체를 부정하고 있는 것은 아니다. 그러나 빌려 준 이상, 원금 또는 대금을 순조롭게 받지 못할 경우 빌려주는 측도 곤란해진다. 그렇기 때문에 빌린 사람이 돈을 갚기 쉽도록 환

경을 만들어주는 것은 빌려주는 사람의 몫이자 의미다. 이자 금지 사상이 추구하는 것은 단순히 약자를 보호하는 차원에서 끝나는 것이 아니라 시장의 활성화를 도모하는 데 있는 것이다.

일방적으로 자금을 빌려주고 갚기만을 독촉한다면 빌려준 돈은 결코 받지 못한다. 현대의 예를 들자면, 거품 경제 시기에 거액을 융자해주고 거품 경제가 붕괴한 후 자금 운용의 실패를 빌린 사람의 책임으로 돌리며 자신들은 전혀 모른다고 발뺌하는 은행들이 그렇다. 이런 방식은 결국 경제 파탄을 초래한다. 빌린 측의 성실한 자금 운용 환경을 조성하는 것은 빌려주는 측의 윤리적 책임이다.

해가 지기 전에 옷을 돌려보내라

"집을 빌려준 사람은 빌려준 집의 안뜰에 무료로 살아서는 안 된다. 또 빌려준 집을 빌려줄 때의 임대료보다 싼 가격으로 다시 빌려서도 안 된다." 이는 빌려주는 사람의 횡포를 엄격히 규제하고, 빌리는 사람의 경제 행위가 건전하게 발전하도록 배려하기 위한 규정이다.

돈을 빌린 자가 있다고 하자. 그는 어떤 사정으로 현금은 부족했지만 작은 빌딩 하나를 소유하고 있다. 이때 돈을 빌려준 사람이 융자의 대가로 돈을 빌린 사람 소유의 빌딩 룸을 무료로 사용한다거나 요금보다 싼 가격으로 그곳을 빌릴 경우, 그 행위는 융자에 대한 이자를 받는 행위로 간주되기 때문에 금지된다.

빌린 사람은 자신에게 약간의 자산이 있다면 그것을 최대한 활용하여 하루라도 빨리 융자를 갚아야 한다. 그러기 위해서는 자신의 자산이 수익원이 될 수 있도록 다양한 방책을 강구하여 실행에 옮겨야 한다. 따라서 빌려준 측에서는 이익 분할의 조건으로 빌린 사람의 자산을 제공받아서는 안 된다. 이와 관련된 『성경』의 율법을 인용하면 다음과 같다.

> 너희가 이웃의 겉옷을 담보로 잡았으면, 해가 지기 전에 돌려주어야 한다. 그가 덮을 것이라고는 그것뿐이고, 몸을 가릴 것이라고는 그 겉옷뿐인데, 무엇을 덮고 자겠느냐? … 「탈출기」 22 · 25~26

어떤 사람의 마지막 재산이 오직 몸에 걸친 옷뿐이었다. 그는 이것을 담보로 제공하고 돈을 빌렸다. 그 경우 돈을 빌려준 사람은 해가 저물기 전에 그 옷을 반드시 돌려줘야 한다고 『성경』은 명한다. 편안한 잠이라고 하는 최소한의 휴식 수단까지 빼앗는 것은 가난한 사람의 건강과 노동력까지도 짓밟은 행위이기 때문이다. 그렇게 되면 빌린 자도 불행해지지만 결국 빌려준 사람도 돈을 잃게 된다.

"밥그릇까지 빼앗지 말라." 즉 "확대 재생산으로 이어지도록 배려하라", 이것이 유대식 융자의 기본 철학이다.

적정 가격 판매로 신속하게 대금을 회수하라

이자를 받지 못한다면 융자는 물론이거니와 투자마저도 무의미하다고 생각하는 사람들이 많다. 그래서인지 유대교에서는 이자 강화에 의한 재산 증식에는 부정적이지만 위험한 투자에 의한 재산 증식에는 긍정적이다. 그 사고방식의 한 예가 "임대료를 올리는 것은 인정하지만 판매 가격을 올려서는 안 된다"이다.

매매에서는 상품의 권리 양도와 동시에 대금의 수수가 이루어져야 한다. 그러나 임대 계약에 있어서는 대금 지불의 대가로 상품의 이용권만 빌리는 사람에게 이전된다. 이때 빌린 사람이 상품 이용권을 이전받음과 동시에 임대료를 전액 지불한다면 빌려준 사람은 대금 회수의 위험을 사전에 피할 수 있다.

그러나 임대료를 매달 나눠서 지불한다는 조건으로 계약이 성립된 경우 앞으로 대금을 전액 회수할 수 있다는 보장이 없다. 따라서 분할 지불의 경우 리스크(Risk)를 감안하여 그 금액을 가산할 수밖에 없는 것이다. 이 때문에 빌리는 측에서는 임대료의 총액이 비싸지더라도 감수해야 한다. 이것이 바로 분할 지불에 대한 유대식 사고방식이다.

한편 매매 계약은 다르다. "지금 만약 땅값을 지불한다면 100주즈로 당신의 소유가 되오. 그러나 탈곡 시기에 지불한다면 120주즈입니다"라는 식으로 후불하는 대금에 대해 금액을 올리는 것은 그동안의 금리(이자)를 가산한 것이지 결코 리스크를 감안한 것이 아니다.

대금을 주고받지 않더라도 사는 사람이 상품을 점유한 순간부터 소유권 이전이 확정된다. 여기서 지불의 시기는 어디까지나 시간적인 문제이지 매매의 본질은 아니다. 즉, 판매자 측과 구매자 측 쌍방이 지불 시기에 대해 합의만 한다면 지불은 언제 해도 상관없는 것이다.

대금 지불이 '탈곡 시기'라는 것은 지불이 완료되지 않는 한 소유권의 이전을 인정하지 않는다는 것과 같다. 즉, 그 시기까지 매매 계약을 유보한다는 의사 표시다. 나아가 고가로 그 땅을 빌리겠다고 제안하는 제3자가 나타난다면 땅 주인은 언제라도 지금의 계약을 파기하고 제3자에게 양도할 권리가 있다는 내용이 함축되어 있다.

다른 한편 빌린 측으로서도 소유권이 완전히 확보되어 있지 않기 때문에 탈곡 시기에 이르러 계약을 파기할 수 있으며, 그때 새로운 구매자가 나타나지 않을 수도 있다. 이같이 애매모호한 계약은 계약이 아니다.

따라서 대금 지불 시기에 따라 매매 계약의 가격이나 유효성이 좌우되어서는 안 된다. 요컨대 중요한 것은 대금의 지불 시기가 아니라 빌린 사람이 조속히 대금을 지불할 수 있는 환경을 조성하는 것이다.

"적정 가격으로 판매하여 신속하게 대금을 회수한다." 이것이 비즈니스의 철칙이다. 비즈니스에 성공한 유대 상인들의 공통점은 어느 정도 상품을 싸게 제공하는 만큼 그 대금을 확실하게 회수한다는 것이다.

진리는 의외로 우리 바로 옆에 있다

 어느 날 제자가 스승에게 물었다.
"스승님, 진리는 어디에나 있다고 하는데, 그렇다면 길바닥에 굴러다니는 돌처럼 흔한 것입니까?"
그러자 스승은 대답했다.
"그렇다. 그러므로 누구라도 주울 수가 있다."
제자가 다시 물었다.
"그렇다면 어째서 사람들은 그걸 줍지 않는 걸까요?"
스승은 이 말에 대답했다.
"진리라는 돌을 줍기 위해서는 몸을 굽히지 않으면 안 된다. 사람에게는 그 몸을 굽히는 것이 어려운 일이다."

··· 탈무드 실천법 04

위험이 높을수록
돌아오는 이익도 크다

이익의 절반을 얻을 목적으로 암소, 당나귀 등 일도 하고 먹이도 되는 가축을 번식시켜도 좋다. 또 만약 그 가축들이 새끼를 낳을 경우, 그 새끼를 즉시 타인에게 팔아도 되는 지방에서는 팔아도 된다. 그러나 그 새끼를 기른 다음에 타인에게 팔아야 하는 지방에서는 일단 길러야 한다. 그러나 라반 시몬 벤가마리엘은 "송아지는 어미 소와 함께 키우고, 어린 새도 어미 새와 함께 키워라"라고 말하기도 했다.
또 그는 "밭을 개량하기 위해 땅 주인이 소작인에게 개량에 드는 비용을 주고 그 대가로 수확 시기에 소작료를 올려 받아도 이자 금지 규정에 저촉되지 않으니 걱정할 필요는 없다"고 말하기도 했다.
미쉬나 「비비 메치아」편, 5·4

번식보다 노역 제공의 이익이 크다

유대교가 이자를 금지하는 배경에는 약자 보호 사상이 있다. 그러나 다른 한편 현금 결재에 의해 현금 흐름(Cash Flow)을 원활하게 한다는 목적도 있다.

화폐 경제에서는 높은 이익만 추구할 경우 돈이 원활하게 회전하지 않게 되어 결국 사회 전체가 곤경에 빠지게 된다. 유대교에서는 이를 사전에 막기 위해 이자 금지 규정을 강조하고 있는 것이지 결코 재산 증식 자체를 부정하는 것은 아니다.

오히려 재산 증식 그 자체에 대해 유대교는 긍정적이다. 그 하나의 예로 유대인의 가축 투자를 들 수 있다. 2,000년 전부터 유대인은 가축 투자를 인정해왔다.

"이익의 절반을 얻을 목적으로 암소, 당나귀 등 일도 하고 먹이도 되는 가축을 번식시켜도 좋다"고 했듯이 가축에 대한 투자는 번식뿐만 아니라 가축의 활용도 포함하는 투자였다. '일도 하고 먹이도 되는 가축'이라는 정의에는 가축을 노역에 제공하여 거기에서 발생하는 이익도 인정한다는 의미가 내포되어 있다.

그 당시 소나 당나귀를 통한 이익은 단순한 번식에 따른 이익보다 노역에 제공해서 얻는 이익이 훨씬 컸다. 이 때문에 가축을 통한 재산 증식의 범위를 번식에만 한정짓지 않았던 것이다. 이것은 동력원이 인력이나 가축에 한정되었던 고대 사회였기 때문에 가능했던 발상인지도 모른다.

가축을 노역에 제공할 경우 빌리는 사람이 계속 나타날 것인가 하는 문제와 더불어 가축을 돌보는 일과 사료에 대한 부담이라는 리스크가 있다. 그래서 가축에 대한 투자에서 초기 투자를 상회하는 최종 이익이 생긴 경우라도 그 이익은 이자가 아니며 리스크에 따른 정당한 수입으로 간주되었다.

이러한 사고방식의 범위를 넓히면 현대사회의 리스(Lease) 사업에까지 이른다. 경기 침체 속에서 일부 대기업을 제외하고는 제조업의 설비 투자가 활기를 띄지 못하고 있다. 이런 상황에서 설비 투자를 활성화시키려면 일반 내구 소비재(자동차, 텔레비전, 냉장고 등과 같이 1년 이상 편익을 받을 수 있는 소비재)에 대한 리스뿐만 아니라 제조설비와 같은 생산재에 대한 리스를 추진하는 대담성을 보이는 것이 필요하다.

리스크를 감당한 사람에게 최종 이익을 확보할 자격이 있다

한편 "그 가축들이 새끼를 낳을 경우 그 새끼를 즉시 타인에게 팔아도 되는 지방에서는 팔아도 된다"고 하는 것은 사육에 대한 리스크를 피하려는 것과 관련된다.

고대 사회에서는 모든 가축이 무사히 새끼를 낳는다고 할 수 없었으며 태어난 새끼가 모두 건강하게 자란다고 장담할 수도 없었다. 또 어느 정도 자란 가축의 가격이 비싸다고는 하나 그때까지 키우려면 도적, 맹수, 질병 등의 위험을 극복하지 않으면 안 되었다. 나아가 소, 양을 기르는 사람이 숙련된 사육자가 아니라면 자라기도 전에 그 가축이 죽는 경우가 태반이었다. 따라서 가축이 새끼를 낳으면 즉시 팔아넘기는 경우가 많았던 것이다.

그러나 너무 어린 새끼를 어미로부터 떼어놓으면 새끼들이 죽게 되는 수가 있다. 그러므로 라반 시몬 벤가마리엘은 "어미와 함께 키워라"라고 명했다. 그는 사육에 따른 위험을 피하려고 성급하게 어린 새끼를 팔아넘기는 사회 풍조를 경고했던 것이다.

또한 그의 경고는 "파는 사람은 구입자에게 손실이 발생하는 사태를 사전에 막아야 한다"는 의미도 내포하고 있다. 이자를 얻기 위한 가축 투자라고는 하나 파는 사람은 모름지기 제조물 책임(Product Liability, 결함이 있는 제품에 대하여 제조자나 판매자가 책임을 지는 것) 정신을 잊지 말아야 한다는 것이다.

이상을 종합하면 가축 투자의 기획자는 세 가지 책임 즉, 가축에 대한 책임·투자가로서의 책임·가축 구매처에 대한 책임을 동시에 져야 한다는 것이다. 따라서 만약 투자 과정에서 문제가 발생할 경우 전적으로 그 비용과 리스크는 가축 투자 기획자의 부담이 된다. 이는 리스크에 대한 중압감을 견디고 극복하는 사람에게만 최종 이익을 확보할 수 있는 자격이 주어진다는 것을 의미한다.

위험이 높은 만큼 돌아오는 이익도 증가한다. 안일한 투자 자세로 높은 이익을 꾀하려고 하는 사람은 이자 수입만을 노리는 고리대금업자와 조금도 다를 바 없다. 이는 유대법이 엄중히 경고하고 있는 부분이다.

우리는 미국의 월가에서 투자 고문 회사의 사원이 고액의 보너스를 받았다는 뉴스를 종종 접하게 되는데, 그때의 보너스란 투자의 위험을 무릅쓰고 마침내 성공한 자에 대한 정당한 보수인 것이다.

사업을 키워 이익을 확보하라

리스크가 이익을 낳는다. 그러나 위험을 무릅쓰지 않고도 이익을 낼 수 있는 방법은 없는가? 유대인은 이와 관련하여 또 다른 출구 즉, 리스크를 대신할 리스크를 찾아낸다. 여기서 리스크를 대신할 리스크란 엄밀히 말해 큰 리스크가 아닌 작은 리스크라 할 수 있다.

리스크를 대신할 리스크로서 승인된 하나의 예가 "토지 개량을 위한 투자에는 소작료의 증액을 인정한다"고 하는 규정이다. 밭을 개량하기 위해서는 땅속의 암석이나 돌을 제거하고 배수로를 잘 파놓아야 하며 비료도 줘야 한다. 나아가 경우에 따라서는 밭 주위에 방풍림을 만드는 것도 필요하다. 그러려면 상당한 비용이 든다. 더군다나 토지 개량을 위해 쏟은 노력만큼 수확을 올릴 수 있을 것인가는 수확기가 되어야만 알 수 있다. 이 또한 위험이 따르는 것이다.

따라서 지주가 토지 개량을 하기 위해 개량에 드는 비용을 소작인에게 주고 그 대가로 수확 시기에 받을 곡물의 양을 추가하여도 이는 이자라고 간주되지 않는다. 정당한 투자에 따른 결과인 것이다. 더불어 일단 개량된 밭은 그 후 계속해서 수확의 증가를 기대할 수 있기 때문에 다음 해부터는 땅을 빌려주는 가격도 올릴 수가 있게 된다.

유대교의 근본이념 가운데 하나는 "생육하고 번성하여 땅에 충만하라"이다. 그것은 자신만이 하면 된다고 하는 자기중심주의가 아니다. 부유한 자가 가난한 자와 공존하는 가운데 부를 융통하고 증식시키면서 사업을 키워 이익을 확보하라는 의미다.

부유한 자나 가난한 자나 이마에 땀을 흘리고 빵을 먹어야 한다. 이는 유대인들의 생활신조다. 또 유대인 사회에서는 "부자는 가난한 자의 것을 착취하여 생활해서는 안 되며, 가난한 사람 또한 땀을 흘리지 않고 남에게서 빌리거나 이익을 얻어서는 안 된다"고 규정하고 있다.

먹고사는 문제

 "스로켈, 왜 그렇게 슬픈 표정을 짓고 있나?"

"나는 결혼한다네. 아주 어여쁜 신부하고……."

"그럼 좋아해야지…… 왜 슬퍼하는가?"

"그녀와 결혼하면 술도 끊어야 하고 담배도 끊어야 하거든."

"거참 안되었구만. 그럼 결혼을 하지 않으면 될 게 아닌가?"

"모르는 소리 말게. 그 사람과 결혼하지 않으면 더 큰 문제가 있단 말일세. 그러면 밥을 못 먹게 된다고."

··· 탈무드 실천법 05

시간을 지배하는 자가
인생을 지배한다

시간을 재촉하는 사람은 시간에 휘둘리게 된다.
그러나 시간을 따르는 사람은 시간이 아군임을 안다.
탈무드 「엘빈」편, 13b

시간의 가치는 활용 여부에 달려 있다

우리가 사는 세계는 유한하다. 인류가 아무리 꿈과 욕망을 충족시키려 해도 무한히 펼쳐져 있는 우주 공간까지 차지할 수는 없다. 어디까지나 인류는 유한한 지구 속에서 유한한 생물체로서만 존재할 뿐이다. 이런 면에서 보면 인류도 다른 생물과 특별히 다를 게 없다.

다만 인류가 다른 생물과 다른 점이 있다면 시간을 의식하며 행동한다는 점이다. 인류는 유구한 시간 속에서 '영원'에 대해 생각할 수 있는 능력을 지녔다. 그런 의미에서 인간이 가장 인간답게 존재하기 위해서는 '시간'을 어떻게 의식하고 활용하느냐에 달려 있다고 해도 과언은 아닐 것이다.

시간은 지구의 탄생과 함께 출현했다. 어쩌면 인류가 출현하기 훨씬 이전부터 유유히 흘러왔는지도 모른다. 시간의 경과를 재는 기술은 인간의 필요에 의해 개발되었지만 시간 그 자체는 인간을 뛰어넘어 유구히 흐르고 있다. 유한한 생명과 유한한 육체를 지닌 우리가 무한한 시간 속에서 얼마만큼 결실을 맺을 수 있을까.

인간은 시간 앞에 평등하다. 누구나 하루 24시간 속에서 살고 있다. 능력이 있는가 없는가, 실력 발휘를 할 수 있는가 없는가, 행복한 생활을 영위하고 있는가 아닌가, 성공인가 실패인가, 이러한 모든 것들은 평등하게 주어진 시간을 어떻게 활용하는가에 달려 있다.

일찍 일어나는 새가 벌레를 잡는다. 자신의 가치를 높이려면 시간을 투자하라. 시간과 싸워 이기는 사람이 진정한 승리자다.

시간을 얻는 사람이 모든 것을 얻는다

노동 시간이 많다고 부를 얻을 수 있는 것은 아니다. 유대 속담에 "유대인은 시간을 갖고 있지 않다. 유대인은 언제나 달리고 있을 뿐이다"라는 말이 있다. 이 속담을 증명하듯 사회 각 분야에서 두각을 나타내고 있는 유대인들은 밤낮없이 자신의 일에 열중하고, 한결같이 시간 활용에 탁월하다는 공통점을 갖고 있다. 그들은 어떻게 하면 좀 더 효율적으로 일할 수 있는가를 끊임없이 연구한다. 차곡차곡 쌓인 그들의 연구는 마침내 커다란 부(富)를 창출하고 뛰어난 업적으로 이어지고 있다.

유대 역사상 불멸의 업적을 남긴 율법학자이자 사상가이며 유대 철학의 선구자로 평가받고 있는 마이모니데스라는 사람이 있다. 그는 이집트 왕 살라딘을 보살피던 의사였는데 오전에는 궁중에서 일했고 오후에는 귀족들에게 왕진을 나갔으며 저녁에 집에 돌아오면 몰려드는 민중을 치료했다. 그리고 밤이 되어 치료를 받은 사람들이 모두 돌아가면 동이 틀 무렵까지 의약 연구에 몰두했다. 그에게 있어서 사적인 시간은 불과 몇 시간밖에 되지 않았다. 그런데 그는 그 사적인 시간을 유대교의 율법 연구와 집필에

할애했다.

마이모니데스는 아리스토텔레스 철학에도 밝았다. 그러한 토대 위에서 그는 자신만의 독자적인 관점으로 『탈무드』와 『성경』, 유대교 신학, 의학 등과 관련하여 수천 쪽에 달하는 위대한 저술을 남겼다. 『모세 5경』이라 불리는 『토라』를 최초로 분류한 사람도 마이모니데스다.

"시간을 획득하는 사람은 모든 것을 획득한다"는 벤자민 디즈레일리의 명언처럼 성공의 해법은 시간 분배와 활용 여하에 있다. 진정한 위인들은 시간이 부족할수록 시간을 최대한 활용한다. 그리고 그들은 시간에 이끌려가지 않으며 도리어 시간을 앞선다.

시간의 주인

 한 남자가 한눈팔지 않고 어디로인가 급히 가고 있었다.
랍비가 그 사나이를 불러서 물었다.
"왜 그렇게 급히 서두릅니까?"
"삶을 쫓아가려고 합니다."
"어떻게 그걸 할 수 있습니까?"
눈만 멀뚱멀뚱하며 아무 대답이 없는 남자에게

랍비는 계속해서 말했다.

"삶을 쫓아가기 위해서 달려가고 있단 말이죠?

실제 삶은 당신 뒤에 있고 당신을 쫓아오고 있습니다.

그러니 당신은 가만히 기다리면 됩니다.

그렇게 서두르면 오히려 삶에서 도망치는 게

되지 않겠습니까."

머리맡에 두고 읽는 탈무드 지혜
1

'세 개의 빵'이 주는 교훈

어느 어촌 마을에 가난한 과부가 살고 있었다. 그녀는 어부들의 찢어진 어망을 기워서 생계를 유지하고 있었다. 그런데 거친 날씨가 계속되면서 어부들이 바다에 나가지 못하게 되자 그녀는 일이 없어 결국 먹을 빵마저도 바닥나고 말았다. 그녀는 용기를 내어 마을의 부자에게 구걸을 하러 갔다.

– 저는 며칠 동안 아무것도 먹지 못했어요. 부디 저에게 빵을 베풀어주십시오!

그러자 부자가 대답했다.

— 난 지금 막 예루살렘에서 솔로몬 왕을 배알하고 돌아왔소. 왕은 사람들에게 "선물을 싫어하는 자는 장수를 누린다"고 말씀하셨소. 공짜로 남의 물건을 받는 사람은 자신의 수명을 단축하는 것이오. 공짜로 남의 물건을 얻고자 하는 것은 죄요. 나는 죄에 가담하고 싶지 않소이다. 그것은 하나님도 용서하시지 않을 거요. 그러니 공짜로 당신에게 물건을 줄 수는 없는 일이오.
— 그럼, 공짜로 빵을 주시지 않아도 좋아요. 그 대신 빵을 빌려주십시오.
— 아니, 그것도 할 수 없소. 솔로몬 왕은 "남에게 빌리는 자는 빌려준 자의 노예가 될 것이다"라고 말씀하셨소. 물건을 빌리거나 돈을 빌리는 것은 결국 자기 자신을 빌려준 자의 노예로 만들어버리는 짓이오. 나는 노예로 외국인 외에는 쓰지 않소. 아브라함의 자손을 노예로 두고 싶은 마음은 추호도 없소이다. 그렇기 때문에 나는 빵을 당신에게 빌려주지 않겠소.

그러나 과부는 포기하지 않고 집요하게 매달렸다.

— 그럼, 당신의 발 밑에서 제가 굶주려 죽어가도 좋다는 겁니까? 그걸 하나님이 기뻐하실까요?

잠시 골똘히 생각하던 부자는 이윽고 목소리를 누그러뜨리고 그녀에게 말했다.

― 아니, 그렇지 않소. 하나님을 대신하여 나는 당신을 도우려고 하는 거요. 잘 들으시오. 소유자가 없는 물건은 주워도 좋소. 내 창고는 지금 비어 있소. 솔로몬 왕에게 지금 막 밀가루를 갖다 드리고 왔는데 밀가루 봉지에서 새어나와 창고 기둥이나 판자 여기저기에 흩어져 있는 밀가루는 이미 그 누구의 소유도 아니오. 그것을 당신이 쓸어모으면 되는 거요. 그것은 내 것도 솔로몬 왕의 것도 아니오. 내 창고에는 지금 밀가루가 새하얀 눈처럼 여기저기에 흩어져 있을 거요. 어서 들어가보시오.

과부가 창고에 들어가 보니 과연 창고 여기저기에 눈처럼 새하얀 밀가루가 쌓여 있었다. 그녀는 그것을 정성껏 쓸어모아 집에 돌아가 빵을 세 개나 구웠다. 그런데 그녀가 빵을 막 먹으려 했을 때 그녀의 오두막집 문을 거세게 두드리는 자가 있었다.

― 부탁합니다. 제발 먹을 것을 좀 주십시오. 내가 살던 마을에 불이 난 바람에 마을 전체가 불덩이에 휩싸였고, 이렇게 목숨만 겨우 건져 도망쳐 나왔습니다. 벌써 사흘째 아무것도 먹지 못했습니다. 제발⋯⋯

그 말을 들은 그녀는 불쌍한 생각이 들어 빵 한 개를 나눠줬다. 그는 빵을 받자마자 어둠 속으로 사라졌다. 그가 사라진 후 그녀는 자신도 빵을 남에게 줄 수 있었다는 것, 게다가 뜻밖의 선행을 했다는 것에 대해 하나님에게 감사의 기도를 드렸다. 그리고 다시 남은 두 개의 빵을 집으려는 순간 또 누군가가 문을 황급히 두드리는 소리가 들렸다.

− 죽을 것 같습니다. 제발 살려주십시오!

문을 두드린 남자는 전 재산을 도적에게 빼앗겨버렸다며 호소했다. 그는 많은 양과 염소, 가축을 거느리며 꽤 호화스러운 집에 살고 있었다. 그런데 며칠 전 도적떼가 습격해와서 아내와 자식, 하인들을 모조리 죽이고 가축을 전부 훔쳐가버렸다. 그는 먹을 것도 마실 물도 없이 목숨만 겨우 건져 사막을 넘어 간신히 여기까지 왔다는 것이다.

과부는 이번에도 남자에게 자신이 먹으려던 두 번째 빵을 주었다. 남자는 빵을 받자마자 황급히 어둠 속으로 사라졌다. 그녀는 또 선행을 했다는 것을 기쁘게 생각하고 하나님에게 감사의 기도를 드렸다. 그리고 마지막 남은 세 번째 빵을 먹으려고 했다.

그 순간 폭풍우가 휘몰아치더니 오두막집 지붕을 순식간에 날려버렸다. 그뿐만 아니라 과부의 손안에 있던 마지막 빵까지도 바다로 날려버렸다. 폭풍우는 그날 밤 내내 휘몰아쳤다.

이튿날 아침, 어젯밤의 일은 마치 거짓말처럼 사라지고 고요해진 바다를 향해 마을 사람들은 분주하게 움직였다. 어부들은 다시 배를 타고 바다로 나가고 아이들은 해변에서 노닐었으며 마을 여자들은 남자들을 거들었다.

  그러나 과부는 멍하니 생각에 잠겨 있었다. 도저히 어젯밤에 일어난 일을 납득할 수 없었던 것이다. 두 개의 빵은 그녀가 원해서 곤경에 빠진 사람에게 주었다. 그러나 하나밖에 없는 빵을 왜 바람이 가져가버린 것일까? 하나님은 과부나 고아를 보살펴주신다고 하는데 왜 그랬던 것일까? 아니면, 바람은 하나님의 뜻을 거역하고 멋대로 행패를 부린 것일까?

  골똘히 생각한 끝에 그녀는 바람의 부당한 처사를 솔로몬 왕에게 호소하기로 했다. 그녀는 기력을 다해 먼 산 위에 있는 예루살렘까지 갔다. 그리고 솔로몬 왕을 찾아갔다. 왕궁은 이스라엘 백성이 자유롭게 드나들도록 개방되어 있었다.

  - 억울한 일이 있어 고소하려고 이렇게 찾아왔사옵니다.
  - 고소라고? 그대는 혼자 살지 않느냐. 누구를 고소하겠다는 건가?
  - 바람을 고소하겠습니다. 이렇게 아뢰는 것은…….

그녀는 지금까지 있었던 모든 경위를 자세히 설명했다.

  - 과연 그런 일이 있었구나. 바람이 나타날 때까지 우선 그대는 쉬고 있거라. 여봐라, 이 여인에게 식사와 쉴 곳을 마련해주거라.

잠시 후 또 세 명의 외국인이 솔로몬 왕을 찾아왔다.

– 너희들은 무슨 일로 왔는고?

그들은 아랍 상인들이었다. 보석과 금은, 향료 등 값비싼 물건을 배에 싣고 가던 중에 거센 폭풍우를 만났다. 그들은 바다에 있었지만 늘 겪는 일이기 때문에 폭풍우 따위는 조금도 두렵지 않았다. 그러나 이번만은 배가 무섭게 흔들리면서 배 바닥에 구멍까지 나버렸다. 밧줄과 천으로 구멍을 막아보았지만 소용없었다. 바닷물이 거침없이 배 안으로 들어오기 시작했다. 그들은 있는 힘을 다해 소리치며 살려달라고 애원했지만 넓은 바다 위에서 그들의 외침을 들어줄 이는 아무도 없었다. 여러 신들에게 살려달라고 빌었다. 그러나 아무런 응답이 없었다. 그들은 최후로 이스라엘 민족 신을 떠올리며 구해달라고 빌었다.

– 이스라엘 신이시여, 우리를 살려주십시오. 살려만 주신다면 지금 우리가 갖고 있는 금은보화를 모두 당신에게 바치겠나이다.

그 순간 갑자기 하늘에서 뭔가 날아오더니 배 바닥에 뚫린 구멍을 막았다. 그리고 잠시 후 그토록 거세게 몰아치던 폭풍우도 잠잠해졌다.

– 이스라엘 신에게 맹세한 약속을 지키기 위해 여기까지 왔습니다. 우리는 이스라엘 신이 어디에 계신지 모릅니다. 어디에 이 보물을

바쳐야 되옵니까?

– 너희들은 그때 날아온 물건을 보았느냐?

– 네, 물론이옵니다. 그것은 막 구워낸 빵이었습니다. 혹시나 해서 그것도 가지고 왔습니다.

그렇게 말하고 한 사람이 주머니에서 작은 빵을 꺼내 솔로몬 왕 앞에 내놓았다. 왕은 즉시 그 과부를 불러들였다.

– 그대는 이 빵을 본 적이 있는가?

그녀는 찬찬히 빵을 살폈다. 그것은 그녀가 구운 세 개의 빵 중에서 마지막 빵이었다. 솔로몬 왕은 판결을 내렸다.

– 이 금은보화는 모두 그대의 것이다. 하나님께서 그대에게 빌린 빵을 이렇게 갚으신 것이다. 바람이 절대로 행패를 부린 것이 아니다. 바람은 하나님의 뜻을 받들었을 뿐이다.

최후까지 포기하지 말라

이츠하크 펠레츠의 작품 『세 개의 빵』이 우리에게 주는 지혜는 여러 가지다. 우선 공짜로 남의 물건을 받는 것은 뇌물이나 착취 행위로 이어지기 쉽다는 것을 들 수 있다. 생각 없이 남의 물건을 빌리면 결국 부채를 떠안게 되고 자신을 파멸에 이르게 할 수도 있다는 말이다.

　두 번째로 소유주가 없는 버려진 물건은 누구든 습득해도 좋으며, 가난한 사람에게 그 물건을 선물로 줄 수 있다는 것이다. 그렇게 선물을 베푼다 할지라도 그 또한 타인에 대한 배려인 것이며 선행인 것이다. 선행을 베풀 수 있다는 것은 곧 행복의 문을 열고 그 안으로 들어가는 것이다.

　마지막으로 최후까지 포기하지 말라는 지혜가 있다. 최후까지 포기하지 않을 때 기회의 문이 열린다는 말이다. 납득이 가지 않는 것에 대해서는 철저하게 그 원인과 이유를 찾아내야 한다. 최후의 최후까지 스스로 납득할 수 있는 길과 방법을 강구해야 한다. 그래야만 비로소 최후의 것을 최대한 활용할 수 있게 되는 것이다. 안이하게 돈을 벌려고 생각하는 자에게는 결코 새로운 가능성이 찾아오지 않는다는 것을 『세 개의 빵』은 말해주고 있다.

유대인의 금전 철학

돈으로 열리지 않는 문은 없다.

돈은 모든 장애물을 치워버리는 '황금지팡이'다.

돈은 기회를 제공한다.

무거운 지갑은 마음을 가볍게 한다.

사람의 마음에 상처를 입히는 방법이 세 가지 있는데,

근심, 말다툼, 빈 지갑이 그것이다. 그중에서도

빈 지갑이 사람의 마음에 가장 큰 상처를 준다.

재산이 있으면 근심거리도 늘어나지만,

재산이 전혀 없으면 근심거리는 더 늘어난다.

이 세상에서는 돈을 많이 가지고 있는,

또 그것을 마음껏 쓸 수 있는 사람이 훌륭한 사람이다.

좋은 수입보다 좋은 약은 없다.

지식이 너무 많은 사람은 늙지만, 돈을 많이 가진 사람은 젊어진다.

어떤 빚이든 입구는 크고 출구는 좁다.

가난뱅이는 4계절밖에 고생하지 않는다. 봄, 여름, 가을, 겨울.

의학은 가난한 사람 말고는 다 고칠 수 있다.

돈의 노예가 되지 말라.

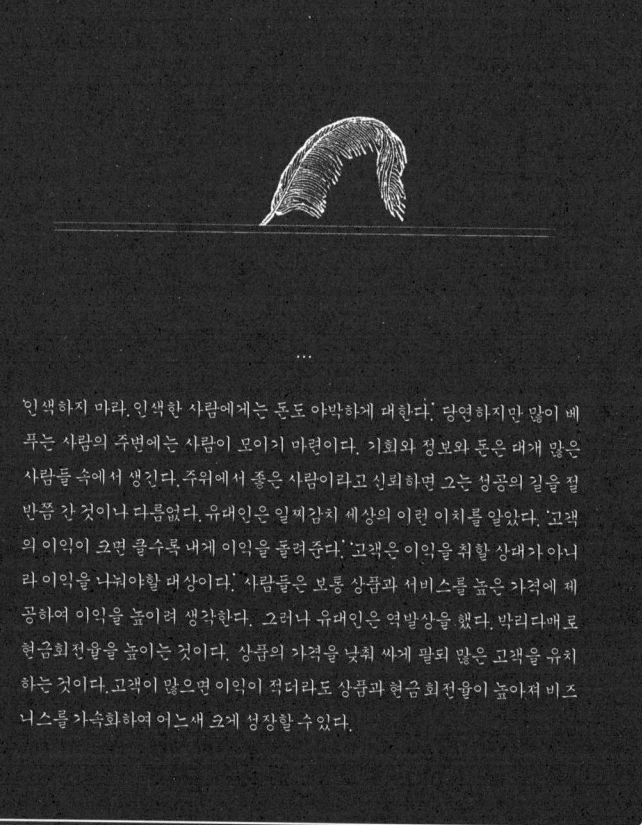

...

인색하지 마라. 인색한 사람에게는 돈도 야박하게 대한다. 당연하지만 많이 베푸는 사람의 주변에는 사람이 모이기 마련이다. 기회와 정보와 돈은 대개 많은 사람들 속에서 생긴다. 주위에서 좋은 사람이라고 신뢰하면 그는 성공의 길을 절반쯤 간 것이나 다름없다. 유대인은 일찌감치 세상의 이런 이치를 알았다. '고객의 이익이 크면 클수록 내게 이익을 돌려준다.' 고객은 이익을 취할 상대가 아니라 이익을 나눠야할 대상이다. 사람들은 보통 상품과 서비스를 높은 가격에 제공하여 이익을 높이려 생각한다. 그러나 유대인은 역발상을 했다. 박리다매로 현금회전율을 높이는 것이다. 상품의 가격을 낮춰 싸게 팔되 많은 고객을 유치하는 것이다. 고객이 많으면 이익이 적더라도 상품과 현금회전율이 높아져 비즈니스를 가속화하여 어느새 크게 성장할 수 있다.

제 2 장

비즈니스는 넓게, 얕게, 많이

... 탈무드 실천법 06

이익의 절반을 가지려면 사업을 한다

이익의 절반을 준다는 조건으로 점원을 고용해서는 안 되며,
이익의 절반을 준다는 조건으로 점원에게 상품 구입의 자금을 빌려줘서도
안 된다. 단 그에게 노동의 대가로서 임금을 지급하는 것은 상관없다.
또 어떤 사람에게 이익의 절반을 준다는 조건으로 닭을 빌려줘서는
안 된다. 나아가 이익의 절반을 준다는 조건으로 송아지나 망아지를
빌려줘서도 안 된다. 다만 빌려주는 자가 사육비와 사료비를 부담한다는
조건으로 빌려주는 것은 인정한다.
한편 이익의 절반을 받는다는 조건으로 송아지나 망아지를 맡아서
3세가 될 때까지 사육하는 것은 상관없다. 단 당나귀는 짐을 운반할 수
있을 때까지 키우는 것으로 한다.

미쉬나 「바바 메치아」편, 4·9

이익의 절반은 손해의 절반이기도 하다

스톡옵션(Stock Option)의 원류를 찾아 거슬러 올라가면 『탈무드』에서 말하는 '이익의 절반'이라는 원칙에 이르게 된다. 물론 『탈무드』가 주식 재테크를 논하는 것은 아니다. 단지 이익의 절반을 제시하고 타인을 고용해도 되는가에 대해 논하고 있을 뿐이다. 그러나 '이익의 절반'과 관련된 『탈무드』의 규정은 현대의 스톡옵션과 닮은 점이 많다.

'이익의 절반'이 돌아온다는 것은 언뜻 듣기에 엄청난 수입인 것처럼 생각된다. 그러나 그 뜻을 엄밀하게 따져보면 '이익의 절반'이라고 하는 것은 "손실이 발생했을 경우에도 그 절반의 책임을 져야 한다"는 뜻이다.

『탈무드』의 사고방식에서는 연봉이든 월급이든 임금이라고 하는 것은 노동시간에 대한 보수이며, 그 지방의 관례에 따라 결정되는 것이다. 보너스라는 것은 노동 후에 소유주가 임의로 지급하는 일종의 하사금이지만, 그 또한 본질적으로는 노동자의 임금에 가산된 급여이지 결코 성과에 대한 보수라고 볼 수는 없다.

사전에 결정한 임금 이상의 성과를 노동자에게 기대한다면 이익이 나온 시점에서 그 이익을 다시 분배해야 한다. 또한 자본가는 자본가로서 최소한도의 책임과 의무를 다해야 한다. 사원에 대한 최소한도의 책임이란 이익의 여부와 상관없이 사원에게 노동에 대한 대가를 지불해야 한다는 것이다.

『탈무드』에서는 "상품과 가게를 제공할 테니 나머지는 자네가 전부 알아서 하게. 그 대신 이익의 절반을 내게 주게"라는 식의 계약은 인정하지 않는다. 이같이 자본가가 일방적으로 이익의 절반을 요구해서는 안 된다고 하는 배경에는 그것이 이자로 간주되기 때문이다. 동시에 그것은 자본 운용의 위험에 대한 모든 책임을 운용자에게 넘겨씌우는 반윤리적 행위이기도 하다.

자본가가 자신의 자본으로 자기 책임 아래에 운용하는 경우라면 얼마를 벌든, 얼마를 손해 보든 상관없다. 그러나 타인에게 자본 운용을 맡기는 것이라면 운용자의 임금이나 경비는 당연히 자본가가 부담해야 한다는 것이 『탈무드』의 사고방식이다.

소유주는 이익의 절반을 취득할 권리가 있다

『탈무드』에서 말하는 '이익의 절반'이라는 사고방식 이면에는 소유주나 주주에게 우선적으로 이익 배당을 해야 한다는 사상이 깔려 있다. 또한 임금이나 경비를 제외한 나머지 이익을 소유주와 사원이 절반씩 나눠 가져도 된다는 뜻이기도 하다. 소유주는 한 사람이고 사원은 100명이라도 이익의 절반은 소유주의 몫이다. 즉 소유주가 이익의 50%를 독점하고 종업원들에게는 1인당 0.5%의 이익이 돌아가는 것이다.

연간 보너스 금액을 노사 쌍방이 사전에 결정하는 식의 관행은 엄밀히 말해 보너스를 결정하는 것이 아니라 임금을 결정하는 것으로 봐야 한다. 종업원에게 보너스를 지불한다면 경영자에게 돌아오는 이익이 적다고 생각하는 것 자체가 결함 있는 기업 시스템인 것이다. 기업은 최종 이익을 가지고 이익을 분배하는 시스템으로 전환해야 한다. 그렇게 되면 사원의 사기를 높여 소수 인원으로도 최대 효율을 올릴 수 있을 것이다.

한편 유대법은 재산이 없는 사람이 자신의 책임으로 사업을 운영하는 것을 적극적으로 권장한다. 고대 사회에서 재산이 없는 사람, 즉 무산자의 대표적인 예는 양치기였다.

"당신의 송아지와 망아지와 새끼 당나귀를 내게 맡겨주십시오. 송아지와 망아지는 짐을 실어 나를 수 있는 3세가 될 때까지, 새끼 당나귀는 짐을 나를 수 있을 때까지 맡아 키우겠습니다. 그때 이익의 절반을 내게 주십시오."

만약 양치기가 가축 주인에게 위와 같이 밀했을 경우 그의 요구는 인정된다. 그 이유는 양치기가 임금에 대한 요구는 하지 않았기 때문이다. 다시 말해 양치기가 전적으로 자신의 책임 아래 송아지, 망아지, 당나귀를 맡아 키우는 것이며 그 과정에 드는 모든 비용도 양치기가 부담한다는 것이다. 그렇기 때문에 나중에 가축을 비싼 가격으로 팔았을 때 그 최종 이익을 절반으로 나누자는 제안은 공정한 것이다.

유대인의 상계

작은 가게를 가진 유대인이 큰 병에 걸려 언제 숨을 거둘지 모르는 상태였다. 가족이 모두 침대 머리맡에 모여 엄숙한 표정으로 병상을 지키고 있었다.
이윽고 죽어가는 남자가 힘없는 목소리로 말했다.
"여보, 여보, 어디 있소?"
"네, 저 여기 있어요."
"아들아, 너도 있니?"
"예, 아버지, 절 알아보시겠어요?"
"딸아이는 어디 있지? 여기 있느냐?"
"네, 아버지. 아버지 손을 잡고 있는 게 저예요."
그러자 남자는 마지막 안간힘을 다해 일어나려 했다. 그리고 가쁜 숨을 몰아쉬며 화난 듯 눈살을 찌푸리며 혀를 찼다.
"그럼 가게는 도대체 누가 보고 있는 것이냐!"

··· 탈무드 실천법 07

빌려주는 것도 좋은 사업이다

매년 10쿨의 밀을 준다는 약속을 하고 밭을 빌린 자는 밀이
흉작이라도 10쿨을 바쳐야 한다. 또 밀이 풍작일 때 "시장에서
다른 밀을 사서 당신에게 주겠소"라고 말해서는 안 된다.
그는 반드시 그 밭에서 수확한 밀을 바쳐야 한다.

미쉬나 「바바 메치아」 편, 9·7

로마 시대 이후 계속된 유대인의 리스업

리스란 기업 또는 개인이 필요로 하는 기계 설비 등을 리스 회사가 직접 구입하여 이용자에게 일정 기간 동안 대여하고 일정한 대여료를 정기적으로 받는 사업을 말한다.

리스를 이용하면 경리 처리가 간단하고 절세 효과가 높다. 또한 사업자는 대형 투자 자본에 의존하지 않고 효율적으로 자금을 운용할 수 있으며, 시간 또한 절약할 수 있고 위험 부담도 덜 수 있다.

한편 리스할 물건을 공급하는 입장에서도 신속하고도 안전하게 판매 대금을 회수할 수 있으며, 고객의 자금 부담을 경감시켜줄 수 있기 때문에 경쟁사에 비해 월등한 판매 촉진 효과를 올릴 수 있다.

이러한 리스업은 동산(動産) 임대차의 특수한 형태로 미국에서 발달했으며, 제2차 세계대전 후 유럽 각국에서 활발하게 이용되면서 급성장했다. 오늘날에는 그 중요성이 커져 자동차나 기계 설비는 물론 각종 의료기기, 운송기기, 컴퓨터, 사무기기, 부동산, 교육 및 연구용 기기에 이르기까지 리스 방식이 넓고 깊게 정착되었다. 이뿐만 아니라 금융기관의 리스업 진출로 사회 전반에 걸쳐 엄청난 변화와 발전이 이루어졌다.

리스와 렌털(Rental)은 다르면서도 비슷하다. 우선 다른 점을 말하자면, 렌털이 불특정 다수의 이용자를 대상으로 하고 임대 기간이 비교적 짧은 데 비해, 리스는 특정한 이용자(주로 기업)를 대상으로 하고 임대 기간이 3~5년으로 길다는 것이다. 렌털 계약은 통상 1년 이내의 단기로 이루어지며 몇 일 내지 몇 주간으로 계약하는 경우도 있다. 이렇게 리스와 렌털은 대상이 되는 이용자와 임대·기간·대차액에 있어 차이가 있지만, 물품을 일정 기간 빌려주고 그에 대한 대여료를 받는다는 점에서 본질적인 차이는 없다.

미국에서 리스업이 활기를 띠기 시작한 것은 제2차 세계대전 이후부터다. 전후 급속한 경제 확대에 따른 설비투자의 증대 속에서 자본조달과 설비투자가 불균형 상태에 이르자 그 불균형을 급히 해소하는 수단으로 리스업이 성장해왔던 것이다.

리스업이 독립된 비즈니스 분야로 확립된 것은 다름 아닌 유대인 사업가들에 의해서였다. 유대인들에게 있어서 리스업은 적어도 로마 시대 이후 계속되어 온 중요한 비즈니스 분야였기 때문이다. 앞에서 소개한 「바바 메치아」편의 내용처럼 그들은 리스 계약에 관해서도 실무적인 주의 사항을 성문화해왔다.

유대인들은 리스와 렌털을 엄밀하게 구분하고 있다. 즉 리스란 수익 사업을 위한 장기 임대 계약이라고 인식해왔던 것이다. 그들에게 있어 리스란 단순히 물건을 상대에게 임대하는 것으로 끝나는 것이 아니라, 임대 물건의 운용을 통해 얻은 이익에 대해서도 빌려준 사람에게 일정한 취득 권리가 있는 사업이다.

반드시 빌려준 물건의 운용 수익으로 배분해야 한다

"매년 10콜의 밀을 준다는 약속을 하고 밭을 빌린 자는 밀이 흉작이라도 10콜을 바쳐야 한다." 이것만이라면 단순한 임대차 계약에 지나지 않는다. 그런데 『탈무드』는 거기서 한 걸음 더 나아가 밀이 풍작일 때 "시장에서 다른 밀을 사서 당신에게 주겠소"라고 말해서는 안 되며, "그는 반드시 그 밭에서 수확한 밀을 바쳐야 한다"고 명시하고 있다.

계약 조건이 '밀 10콜'이기 때문에 다른 밭에서 수확한 밀 10콜을 시장에서 사서 그것을 밭 주인에게 주기만 하면 특별히 계약 위반은 아니지 않는가 하고 이의를 제기할 수도 있다.

그러나 빌린 밭에서 수확한 밀이 매우 품질이 좋다면 빌린 사람은 그 밀을 고가에 팔 수 있다. 그리고 빌린 사람은 그 차익을 챙길 수 있다. 그러한 교활한 수법을 사전에 차단하기 위해 『탈무드』는 "시장에서 다른 밀을 사서 줘서는 안 된다"고 명하고 있는 것이다. 어디까지나 지대는 그 밭에서 수확한 밀로 지불해야 한다는 것이 원칙이다.

즉 밭을 리스로 제공한 땅 주인에게는 단순히 '밀 10콜'의 지대 수입이 약속된 것뿐만 아니라 리스 물건의 운용 여하에 따라 발생하는 운용 이익에 대해서도 취득 권리가 있는 것이다. 이 점을 『탈무드』는 보장하고자 했던 것이다.

『탈무드』가 의도한 리스의 본질은 리스해준 물건의 운용에 따른 이익의 배분에 빌려주는 사람도 관여할 수 있다는 것이다. 고정 금리나 고정 수수료에 의한 임대차 계약이 리스의 기본이기는 하나 그것만으로 끝나서는 안 된다는 것이다.

고정 요금으로 장기 임대를 한다는 점에서 볼 때 용선(傭船) 계약(Charter, 선박의 전부 또는 일부를 임대하여 이에 적재된 화물 운송을 목적으로 하는 계약)이야말로 현재 일반적으로 이루어지고 있는 리스 계약의 원형인지도 모른다.

용선 계약에는 선박 자체만을 장기간 임차하는 나용선 계약(Bareboat Charter)과 선박뿐만 아니라 선장·선원·장비 및 소모품 등 일체의 인적·물적 요소를 일정 기간 동안 임차하는 정기 용선 계약(Time Charter)이 있다. 나용선 계약에서는 선박의 감가상각비에 금리와 수수료를 가산하여 선박만 빌린다. 개중에는 배가 폐선이 될 때까지 용선으로 제공되는 예도 있다.

나용선 계약은 그 임차 목적이 사업 운영을 통해 수익을 내고자 하는 것이기 때문에 비록 용어는 다르지만 분명히 리스라고 볼 수 있다.

오늘날 용선 계약이라고 하면 정기 용선 계약을 먼저 떠올리게 된다. 그러나 정기 용선 계약은 장기간보다는 단기간 이루어지는 경우가 많다. 단기간 동안 선박은 물론이거니와 그에 따른 일체의 인적·물적 요소를 제공받을 수 있기 때문에 빌리는 사람에게 매우 편리하다. 그래서 용선 계약은 선박·선장·선원 등 필요한 모든 것을 제공하는 서비스라는 인상이 강하다.

렌털의 경우 반드시 사업을 위해 빌린다고 할 수는 없다. 생활 유지를 위한 주거 확보라든가 향락 접대를 위한 비품 차용의 경우도 렌털에 포함되기 때문이다. 최근에 개인이 차를 리스하는 사례가 많아졌지만, 이것은 리스 산업의 발전에 따라 그 적용 범위가 확대된 것에 불과하다.

중매쟁이의 진리

한 중매쟁이가 젊은이를 데리고 신붓감을 찾아갔다. 그들이 집을 나설 때 중매쟁이는 득의양양하게 말했다.
"내가 그 집이 아주 훌륭한 가문이며 굉장한 부잣집이라고 말하지 않았나? 자네는 식탁 위에 있은 은그릇의 품질을 보았겠지? 순 은제라구!"
젊은이는 마지못해 동조하며 말했다.
"그래요. 그런데 나에게 좋은 인상을 주기 위해 은그릇을 빌려왔을 수도 있다고는 생각하지 않으세요?"
중매쟁이는 화를 벌컥 내며 소리쳤다.
"말도 안 되는 소리 말게! 누가 그런 도둑놈에게 은그릇을 빌려주겠나!"

··· 탈무드 실천법 08

고객의 이익이 최우선이다

판매에는 다음과 같이 네 가지 원칙이 있다.
① 갑이 을에게 고품질의 밀을 팔았다. 그러나 그 밀이 저품질로 판명되었다. 이 경우 을은 거래를 철회해도 좋다.
② 갑이 을에게 저품질의 상품을 팔았다. 그러나 그 상품은 고품질로 판명되었다. 이 경우 갑은 거래를 철회해도 좋다.
③ 저품질의 상품 매매에서 그 상품이 저품질이라 판명되었고, 고품질의 상품 매매에서 그 상품이 고품질로 판명되었다. 이 두 경우 판매자와 구매자 모두 계약을 철회해서는 안 된다.
④ 다갈색 밀을 계약했는데 흰색 밀이 도착했거나, 흰색 밀을 계약했는데 다갈색 밀이 도착했다. 올리브나무 목재를 계약했는데 무화과나무 목재였거나, 무화과나무 목재를 계약했는데 올리브나무 목재였다. 와인을 계약했는데 식초였거나, 식초를 계약했는데 와인이었다. 이 모든 경우 판매자와 구매자 모두 계약 철회를 요구해도 좋다.
미쉬나 「바바 바트라」 편, 5·6

서로의 권리를 인정하는 것이 비즈니스의 첫걸음이다

비즈니스의 기본은 정직이다. 그것도 상도(商道)의 근본이며, 정직으로 일관하는 것은 상인의 의무이기도 하다.

그러나 한편으로 상인은 보다 큰 이익을 얻고자 값싼 물건을 비싸게 팔 가능성이 있다. 이 경우 73쪽의 ①과 같이 구매자 측에서 계약 철회의 권리를 인정하는 것이 유대 비즈니스의 첫걸음이다.

흔히 유대인은 비즈니스에 탁월한 능력을 가지고 있다고 한다. 그러나 어떤 형태의 비즈니스이든지 고객이 존재해야만 비로소 거래가 성립된다. 따라서 '고객 제일주의'가 아니면 안 된다. 만약 비즈니스에 능한 유대인이라면 그는 틀림없이 고객의 이익이 최우선이라는 방침으로 일관하고 있을 것이다.

①에서 "을은 거래를 철회해도 좋다"고 하는 것은 구매자 측이 저품질의 밀을 반품하고 계약대로 고품질의 밀로 교환해줄 것을 요구해도 좋다는 뜻이며, 나아가 돈을 돌려받는 것도 가능하다는 것을 의미한다.

밀과 같은 상품은 시세가 일정하지 않아 고품질의 밀을 구매했을 당시의 가격이 1,000만 원이었더라도 넘겨주는 시점에서 가격이 올라 2,000만 원으로 뛰는 경우가 있다. 그런 상황이 전개될 경우 판매자 측은 고품질의 밀을 건네주는 것이 억울해서 저품질의 밀을 건네기도 한다. 그럴 경우 유대법은 계약 시점에서의 조건을 반드시 준수해야 한다고 명한다.

그러나 아무리 고객 제일주의가 중요하다고 하나 고객이 부당한 이익을 취해도 좋다는 의미는 아니다. 그래서 73쪽의 ②에서는 판매자 측의 권리 보호에 대해서 규정하고 있다. 저품질의 상품 매매 계약을 맺었는데 판매자 측이 실수로 고품질의 상품을 건넨 경우 판매자 측은 상품을 바꿀 권리가 있다. 또는 계약을 철회하고 고품질에 상응한 대금 지불을 요구해도 된다.

판매자 측에게는 돈을 벌 권리가 있다. 그러므로 일단 고객과 합의가 이루어지면 자신의 권리를 주장해도 좋다. "한때 손해를 보더라도 나중에 이익을 얻어라" 식의 책략은 유대인에게 통하지 않는다. 이것이 유대인의 비즈니스 정신이다. 다만 파는 측이든 사는 측이든 자신의 권리가 침해당하고 있다는 것을 모르거나, 알고 있더라도 권리를 주장하지 않은 경우에는 문제가 다르다.

성의를 다해 정직하게 거래하라

여기서 흥미로운 것은 '철회해도 좋다'는 뜻을 가진 히브리어 '라하졸(철회하다)'이라는 단어다. 이 단어는 보통 '되돌아가다, 되돌아오다'를 뜻한다. 이런 의미에서 '철회한다'는 계약을 파기한다는 의미가 아니다. 설사 거래가 완료되었다 할지라도 다시 계약을 출발 시점으로 되돌려도 좋다는 의미다. 정확하게 말하면 계약 시점에서 내걸었던 조건으로 상품을 돌려받으라는 의미다.

일단 계약한 이상 약속대로 이행하는 것이 무엇보다 중요하며 계약을 파기하는 것은 별도의 문제다. 계약이 파기되면 배상 문제 등 여러 가지 문제가 파생된다. 더욱 까다로운 문제로 확대될 가능성이 있는 것이다.

물론 73쪽의 ③과 같이 계약대로 상품 수수가 완료되었다면 철회를 인정할 수 없다. 그런데 73쪽의 ④는 주문과 전혀 다른 종류의 상품이 거래된 경우다. 이런 경우에는 상품의 품질과 관계없이 철회를 강력하게 요구해야 하며, 손해배상(보상)을 청구해야 한다. 파는 사람이나 사는 사람 모두 상품이 잘못 수수되었음에도 불구하고 잘못된 거래로 인하여 발생할 이익이 있다면 그 거래의 하자를 숨길 수 있기 때문이다.

그런데 와인을 발주했는데 식초가 도착한 경우에 있어, 그 이유가 잘못 발송된 때문이 아니라 수송 도중에 와인이 발효되어 식초로 변질된 때문일 수도 있다. 이런 경우라도 파는 사람이나 사는 사람 어느 한쪽에서 손해배상을 청구한다면 계약을 원점으로 되돌릴 수 있다.

따라서 정당한 권리 행사를 하기 위해서는 계약 내용 및 현물 상품을 재확인해야 한다. 대금을 먼저 지불했다고 해서 상품이 정확히 도착할 것이라고 과신하거나, 상품을 발송했다고 해서 나중에 일어나는 문제에 대해 판매자 측에는 전혀 책임이 없다는 식으로 서로 자신에게 유리한 대로 해석해서는 안 된다.

비즈니스를 추진하는 데 있어서 이러한 '거래의 도(道)'를 자각하는 것은 대단히 중요하다. "성의를 다해 정직하게 거래하라." 이것이 바로 유대 상도의 기본이다.

정직과 지혜

사장이 늙어 은퇴하고, 가업을 아들에게 물려줄 단계가 되었다.
"내가 이만큼 성공을 거둔 데는 두 가지 신조를 지켰기 때문이다. 즉, 정직함을 지키고, 지혜를 썼기 때문이다.
정직함이 중요하다. 예를 들어 손님에게 3월 말까지 물품을 인수하기로 약속했다면, 회사에 무슨 일이 일어난다 해도 약속한 3월 말까지는 물건을 건네야 한다."
그러자 아들이 물었다
"잘 알겠습니다. 그럼 아버지,
지혜란 도대체 무엇을 뜻하나요?"
"지혜란, 순진하게 그런 약속은 하지 말아야 한다는 말이다."

··· 탈무드 실천법 09

작게 시작해 크게 키운다

양모를 물에 씻어 순백색으로 만드는 과정에서 뽑혀 나온 양모는
그것을 씻은 사람의 것이다. 그러나 양모를 빗질하는 과정에서 뽑혀
나온 양모는 모두 양모 주인의 것이다. 옷감을 물에 빠는 과정에서
뽑혀 나온 실은 세 올까지는 그것을 빤 사람의 것이다. 그러나 세 올
이상은 모두 옷감 주인의 것이다. 흰 옷감 속에 섞여 있는 검은 실을
전부 뽑아냈을 경우, 그 검은 실들은 옷감 주인의 것이 아니라 검은
실을 뽑은 사람의 것이다. 재봉사가 옷감을 꿰매고 남은 실과 손가락
세 개가 들어갈 넓이의 천 조각들은 모두 그 옷감 주인의 것이다. 목수가
나무를 대패질하는 과정에서 나온 나무조각들은 목수의 것이다.
그러나 나무를 톱으로 자를 때 떨어진 톱밥은 나무 주인의 것이다.
만약 목수가 나무 주인의 부지 안에서 대패질을 한다면 그 과정에서 나온
나무 조각들은 모두 나무 주인의 것이다.
미쉬나 「바바 캄마」 편, 10·10

커 보이는 모든 것이 처음에는 작은 것이었다

유대인을 일컬어 비즈니스의 달인이라고 한다. 그렇다고 유대인 모두 비즈니스의 달인인 것은 아니다. 비즈니스 세계에서 탁월한 솜씨를 발휘하고 있는 유대인들 가운데 처음부터 수익성 높은 사업을 하여 대성공을 거둔 예는 거의 전무하다.

위험이 클수록 높은 수익을 얻는다. 즉, '고위험·고수익'이 투자의 철칙이라고 주장하는 사람들도 있다. 그러나 반드시 큰 위험을 감수하지 않고도 고수익을 창출해낼 수 있는 방법은 없는가. 유대인 중에는 그러한 일을 찾아내어 부를 축적한 사람들이 많다. 유대인의 뛰어난 사업적 재능과 비결은 의외로 여기에 있는지도 모른다.

성공한 유대인의 대부분은 처음부터 '고위험·고수익'을 추구하기보다는 '저위험·저수익'을 지향한 경우가 많다. 이윤이 전혀 없는 것보다는 조금이라도 수익이 있는 것이 낫기 때문이다. 수익이 낮더라도 그것을 꾸준히 축적해가면 거다란 수익을 기대할 수 있다.

영국에는 세계 전역에 700여 개의 소매점을 갖고 있는 '막스&스펜서'라는 백화점이 있다. 이 백화점은 117년 역사의 영국 최대 소매업체로 주인인 마커스 시프의 조부 에프라임은 '저위험·저수익'을 지향한 대표적인 인물이다.

에프라임의 성공은 당시 재봉사들이 처치 곤란한 쓰레기쯤으로 취급하던 천 조각들을 공짜로 수거하면서 시작되었다. 그는 수거한 천 조각들을 섬유 제조공장에서 쉽게 재이용할 수 있도록 대마·아마·저마·황마·면·양모·비단 등 소재별로 분류하여 납품했다.

그로부터 2년 후에는 수거한 천 조각들을 보관할 큰 창고를 갖게 되었고 6년 후에는 섬유원료 제조공장의 주인이 되었다. 회사는 제1차 세계대전 때 솜화약의 수요가 급증하면서 더욱 번창해 갔다. 에프라임은 한 단계 높은 서비스와 물건을 선별하는 능력 때문에 주문을 많이 확보할 수 있었다. 즉 서비스 정신에 입각하여 고객에게 고품질의 상품을 제공함으로써 성공의 계기를 마련했던 것이다.

마커스 시프의 외조부인 마이클 마크스도 처음에는 잡화 행상으로 생계를 유지했다. 그는 한 평 남짓한 포장마차를 구입하여 시장 모퉁이에서 싸구려 물건을 팔기 시작했다. 어느 날 그는 포장마차 중앙에 선을 그어 물건을 분류하기 시작했다. 한쪽에는 다양한 가격대의 상품들을 진열해놓고, 다른 한쪽에는 값싼 물건을 쌓아 놓고 '모두 1페니'라고 표시해놓았다. 또한 입구에는 '마이클 마크스 원조 페니 포장마차'라는 포스터를 붙였다. 그때부터 영국 전역에는 '페니 포장마차' 붐이 일기 시작했다.

마이클은 '1페니 잡화'라도 사람들이 즐겨 찾는 상품이 있다는 것에 착안했다. 게다가 '원조 페니 포장마차'라고 가게 이름을 내걺으로써 지적 소유권을 선언했다. 마이클 마크스는 다양한 상품 제공과 '1페니 잡화'라는 양적인 접근 방식으로 성공의 문을 두드렸던 것이다.

작은 것부터 시작하여 참신한 아이디어로 시장을 공략하는 그들의 사업 방식은 '저비용·저위험'을 지향한 전형적인 예다. 그리고 커다란 수익을 창출하기까지 그들이 쏟은 노력과 인내는 비즈니스 세계에서 거목으로 성장하는 데 밑거름이 되었다.

벤처기업이 성공하기 위한 두 가지 조건

오늘날 고비용이 요구되는 비즈니스에서도 경비 절감을 위해 '저비용'을 추구하는 기업이 있다. 그러나 이것은 품질 저하를 초래하거나 상품에 대한 고객의 불만을 부추길 뿐이다. 결국은 '저비용·고위험'을 낳기 쉽다.

창업자가 가장 염두에 두어야 할 것은 '저비용·고품질'로 출발해야 한다는 점이다. 저비용으로 시작하면 최소한 사업이 발전해가는 과정에서 발생하는 위험 요인을 억제할 수 있다.

벤처 붐이 일어나면서 벤처 자금 지원이라든가 엔젤 투자 유치 등이 사회적인 화제가 된 적이 있다. 그러나 처음부터 거액의 자금을 투입하여 성공한 경우는 거의 없다. 초기 벤처에 거액을 투자하는 것은 대단히 위험하다.

일본의 마츠시타는 변두리에 있는 허름한 전기 부품 가게에서 출발했고, 히타치는 시골의 모터 가게에서 출발했다. 모두 저비용으로 시작했기에 크게 성장한 경우다. 일본의 대기업 가운데 고비용으로 시작한 기업은 도요타 자동차뿐일 것이다. 그러나 그 모체였던 도요타 자동방직기 제작소는 가난한 마을의 작은 공장에서 출발했다.

무조건 고수익을 목표로 승부수를 띄우는 것은 매우 무모한 짓이다. 저비용이야말로 벤처기업의 출발점이며, 무한경쟁 속에서도 세계 유수 기업으로 도약할 수 있는 기본 원칙이다. 그렇다면 저비용으로 출발한 벤처기업이 거대 기업으로 변신할 수 있는 비결은 무엇인가. 그것은 저수익을 꾸준히 지속하는 데 있다.

벤처기업의 승패는 '얼마나 꾸준하게 많이 판매할 수 있는가'에 의해 좌우된다. 벤처기업의 승리자가 되기 위해서는 다음 두 가지 전략이 필요하다.

첫째, 상품 또는 서비스에 대한 주문을 꾸준히 확보한다. 이것은 상품이나 서비스의 질에 대한 소비자의 평가에 의해 결정된다. 둘째, 폭넓은 고객층을 확보한다. 이는 얼마나 다양한 상품을 갖추고 있는가, 즉 상품의 다양성에 의해 결정된다.

하찮은 물건들 속에 사업 요소가 숨어 있다

'저비용·저위험'으로 시작할 수 있는 사업은 무엇일까. 로스차일드 재벌을 구축한 영국의 마이어 암셀 로스차일드는 처음에 초라한 고물상부터 시작했고, 옥시덴탈 석유회사의 회장 아만드 하마는 알코올에 생강즙을 첨가한 진저에일을 개발해 엄청난 부를 구축했다.

'아무도 거들떠보지 않는 쓰레기를 상품화한다. 즉, 새로운 발상으로 새로운 아이디어를 창출하고 새로운 상품을 개발하여 새로운 시장을 공략한다.' 이것이 바로 유대식 비즈니스의 출발이다. 쓰레기를 비즈니스로 활용하는 유대인의 발상에는 『탈무드』의 사고방식이 깔려 있다. 이미 유대 사회에서는 2,000여 년 전부터 일정 조건하에 쓰레기를 하청업자에게 무상으로 인도하도록 했다.

『미쉬나』에서는 "양모를 물에 씻어 순백색으로 만드는 과정에서 뽑혀 나온 양모는 그것을 씻은 사람의 것이다. 그러나 양모를 빗질하는 과정에서 뽑혀 나온 양모는 그것을 씻은 사람의 것이다. 그러나 양모를 빗질하는 과정에서 뽑혀 나온 양모는 모두 양모 주인의 것이다"라고 규정하고 있다.

이에 대해 랍비들도 "양모를 물에 씻어 헹구는 과정에서는 양모가 소량밖에 뽑히지 않으므로 씻은 사람이 가져도 좋다"고 동의했다.

또 『미쉬나』에서는 다음과 같이 규정하고 있다.

"흰 옷감 속에 섞여 있는 검은 실을 전부 뽑아냈을 경우, 그 검은 실들은 옷감 주인의 것이 아니라 검은 실을 뽑은 사람의 것이다."

흰 양모 속에 섞여 있는 검은 실을 뽑아내는 일은 손이 매우 많이 가는 작업이다. 그런 세밀한 과정을 거쳐 옷감이 완벽하게 순백색이 되면 그 가치는 몇 배 이상 올라간다. 따라서 그런 번거로운 일을 양모를 씻은 사람이 자발적으로 해준다면 그 대가로 검은 실들은 모두 양모를 씻은 사람의 소유가 되도록 인정한 것이다.

몇 줌 안 되는 양모라도 쌓이고 쌓이면 많은 실을 뽑을 수 있고 검은 실을 모아 옷감을 짜면 비싼 값에 팔 수도 있다. 작은 천 조각들 또한 차곡차곡 모으면 훌륭한 옷감을 만들어낼 수 있다. 그리고 대팻밥은 고대 사회에서 불을 지피는 점화 재료로 매우 요긴하게 사용되었을 것이다.

쓰레기 취급을 받는 물건이라도 내재되어 있는 가치를 찾아내는 발생의 전환이 필요하다. 아무리 하찮은 물건이라도 쓰레기 취급하기보다는 가치를 찾아내 상품화할 수 있는 기발한 아이디어를 찾아야 한다.

그 대표적인 예가 다이아몬드 조각을 활용한 액세서리다. 예전에 다이아몬드 조각은 공업용으로밖에 사용되지 않았다. 그러나 임금이 싼 인도에서 다이아몬드 조각을 갈아 가공하면서부터 다양한 상품으로 변모하게 되었다. 즉 다이아몬드가 들어간 목걸이, 반지, 귀고리 등이다.

아무리 고가의 물건이라도 소비자에게 외면당한다면 '돼지 목의 진주 목걸이'에 지나지 않는다. 하물며 쓰레기로 취급당한 것이라면 더욱더 심사숙고하여 소비자에게 만족을 줄 수 있는 상품으로 재창조해야 한다. 어느 시대에나 통용되어 온 '저비용'이야 말로 벤처기업이 성공할 수 있는 첫걸음이다.

틀림없이 돈을 버는 사업 요령

돈을 잘 버는 유대인에게 한 남자가 물었다.
"투기의 요령이란 도대체 어떤 겁니까?"
"글쎄, 예를 들자면 달걀값이 올라 양계장을 시작했다고 치세. 그런데 큰 비가 계속되어 홍수가 나서 닭이 전부 물에 빠져 죽고 말았네. 투기를 잘하는 사람은 그것을 예상하고 오리를 사육한다네."

··· 탈무드 실천법 10

상품을 눈으로 확인한 후 장사를 시작한다

생산물이 시장에 나올 때까지 가격을 결정해서는 안 된다. 그러나 생산물이 시장에 나온 후에는 비록 팔려는 사람 A에게 그 생산물이 없더라도 팔려는 사람 B에게 그 생산물이 있다면, A는 그 생산물의 가격을 결정해도 좋다.
또 곡식을 최초로 수확하는 자는 탈곡 장소에서 곡식의 가격을 결정해도 좋다. 마찬가지로 막 수확한 포도가 담겨진 바구니가 있는 장소에서 포도의 가격을, 올리브 열매에서 막 짜낸 올리브유가 담겨 있는 나무통 옆에서 올리브유의 가격을, 도공이 빚어놓은 점토 옆에서 도기의 가격을, 가열하여 막 침전된 석회가 있는 곳에서 석회의 가격을 결정해도 좋다. 그러나 비료용 대변은 1년 중 아무 때나 가격을 결정해도 좋다.

미쉬나 「바바 메치아」 편, 5·7 후반

실제 상품 없이 가격을 결정할 수 없다

서양의 '자유'는 '예속'이라는 대립 개념과 함께 출발한다. 그 기원을 거슬러 올라가면 기원전 1300년경, 이집트의 노예 상태에서 집단 탈출하여 자유인이 된 유대 민족에 이른다. 그 당시 개인적으로 탈출한 노예는 그리스나 로마에도 있었지만, 집단으로 탈출하여 마침내 민족을 형성한 것은 오직 유대인의 조상이 만든 고대 이스라엘뿐이었다. 그들은 자유를 되찾은 기념으로 유월절(逾越節)을 제정하여 과거 3,300여 년 동안이나 유대 민족의 축일로서 지키고 있다. 이와 같은 사건은 '자유야말로 시민의 기본적 권리'라고 선언한 프랑스 혁명보다 3,000여 년이 앞선다.

유대인 사상가 중에 자유의 의미를 논하고 혁명 사상을 부르짖은 자가 많은 것은 그와 같이 유구한 역사 속에 자유를 추구하는 의식이 뿌리내리고 있기 때문이다. 이미 유명해진 유대인 출신의 혁명가로는 마르크스·크로포트킨·바꾸닌·마르쿠제 등이 있으며, 자유의 이념 아래 인간과 사회를 논했던 대표적인 사상가로는 에밀 뒤르껭·조셉 슘페터·피터 드러커·제롬 프리드먼·에리히·프롬·보리스 파스테르나크 등이 있다.

고대 이스라엘에서 비롯된 이 자유의 개념은 '스스로 행동하고 생계를 영위하는 것'을 전제로 하고 있다. 거기에는 질서와 자기 책임이 요구된다. 또 위기에 봉착할 경우 강한 정신력으로 위험을 헤치고 나아가 목적을 달성하는 것도 요구된다. 이것이 자유의 근본적 개념이다. 그런 의미에서 볼 때 자유란 위험을 극복함으로써 얻을 수 있는 보상, 즉 리스크에 대한 보상인 것이다.

자유는 리스크에 대한 보상이지 방종이 아니다. 이러한 자유의 참모습을 단적으로 보여주는 것이 앞에서 소개한 『미쉬나』의 '자유 경쟁 판매'라는 규정이다. 유대교의 교사 랍비들은 시장 경쟁의 원리야말로 경제가 번영할 수 있는 기본 원리라고 강조했다. 그러나 시장 경쟁이 무법(無法)의 경쟁을 뜻하는 것은 아니다. 여기서의 경쟁이란 시장의 질서와 소비자의 이익이 균형을 이룸으로써 성립되는 경쟁인 것이다.

「바바 메치아」편에서는 "생산물이 시장에 나올 때까지 가격을 결정해서는 안 된다"고 명한다. 이는 다시 말해 "생산물이나 제품 또는 상품의 견본도 나오지 않은 상태에서 부당하게 높은 가격을 설정해서는 안 된다"는 것을 의미한다. 만약 최초의 생산자가 생산물을 수확하기도 전에 "금년 밀의 판매 가격은 얼마이다"라고 미리 결정해놓았는데 그 가격이 부당하게 높은 가격이라면 소비자는 엄청난 부담을 안게 된다.

나아가 그와 같은 부당한 가격 설정은 결국 구입자의 구매 욕구를 감퇴시키고, 결과적으로 비즈니스 전체를 퇴보시킨다. 왜냐하면 가상 상품과 가상 가격이 인정될 경우 비즈니스 자체가 혼란에 빠질 것이기 때문이다. 비즈니스는 어디까지나 현물주의(現物主義)가 아니면 안 된다. 실제로 상품이 존재하고 그 상품의 가치를 평가할 수 있을 때 비로소 가격 협상이 가능해지는 것이다.

그러나 다른 사람에게 뒤지지 않고 1초라도 빨리, 조금이라도 비싼 가격에 상품을 팔고 싶은 것이 생산자의 심리다. 이럴 경우 어떻게 해야 할 것인가?

그래서 「바바 메치아」편에서는 "최초로 수확하는 자는 탈곡 장소에서 가격을 결정해도 좋다. 마찬가지로 막 수확한 포도가 담겨진 바구니가 있는 장소에서 포도의 가격을, 올리브 열매에서 막 짜낸 올리브유가 담겨 있는 나무통 옆에서 올리브유의 가격을, 도공이 빚어놓은 점토 옆에서 도기의 가격을, 가열하여 막 침전된 석회가 있는 곳에서 석회의 가격을 결정해도 좋다"는 설명을 덧붙이고 있다.

생산 현장에 가서 직접 확인하면 어떤 밀을 생산했는지, 얼마만큼 당도가 높은 포도를 수확했는지, 어떤 품질의 올리브유가 추출되었는지, 어떤 도기가 만들어질 것인지, 어느 정도 정제된 석회인지 즉시 판명된다. 상품의 품질을 평가할 수 있다면 그 자리에서 가격 협상을 해도 상관없다. 수요와 공급의 일치점이 공급 상품의 출현과 동시에 이루어지는 것이다.

이 내용은, 만약 사는 측이 중개인일 경우 그가 최종 소비자의 수요를 대표할 수 있어야 한다는 점도 시사하고 있다. 소비자의 요구나 수요량을 정확하게 파악하지 못하는 중개인은 소비자에게 팔아넘기는 단계에서 소비자로부터 외면당하게 된다. 분명하지 않은 품질, 확실한 근거가 없는 가격에 소비자는 결코 동의하지 않을 것이기 때문이다.

따라서 중개인이 최종 소비자의 대표 자격으로 직접 생산 현장을 방문하여 생산자와 함께 가격을 결정한다. 생산 현장이라 할지라도 팔려고 내놓을 수 있는 상품이 있는 한 그곳은 어엿한 시장으로 변모하는 것이다.

시장이 형성되면 상품이 없어도 매매할 수 있다

『탈무드』의 현물주의 사고방식은 언뜻 보기에 상품 거래를 부정하는 것처럼 보인다. 그러나 실제로 일단 시장이 형성되면 상품을 소유하고 있지 않더라도 매매에 참가할 것을 적극적으로 권장하는 것이 『탈무드』의 현물주의다. "생산물이 시장에 나온 후에는 비록 팔려는 사람 A에게 그 생산물이 없더라도 팔려는 사람 B에게 그 생산물이 있다면 A는 그 생산물의 가격을 결정해도 좋다"는 선언이 그것을 명확하게 보여준다.

A에게는 상품이 없지만 B에게 상품이 있다. 이는 어딘가에서 상품 구입이 가능하다는 뜻이며 이 경우 시장 가격은 공공연한 사실이 된다. 그렇게 되면 현재 수중에 물건이 없더라도 팔려는 사람은 사려는 사람에게 희망 가격을 물어 그 가격에 맞는 상품을 찾아와 팔 수 있는 것이고 시장의 혼란이 미연에 방지될 수 있다.

이러한 사고방식을 한 단계 높이면 "시장을 혼란시키지 않는 한 선물거래(先物去來)를 해도 좋다"는 논리가 가능해진다. 또는 "중

개인이 리스크에 대한 책임을 진다면 선물매매도 가능하다"는 결론을 이끌어낼 수 있다. 여기서 말하는 책임이란 단순히 리스크에 대한 개인적 책임이라기보다 '시장에 대한 책임'을 뜻한다. 즉 시장에 책임을 전가하지 말며 시장을 혼란시키지 말라는 의미에서의 책임인 것이다.

똥 거래에 숨겨진 거래의 지혜

"상품 입수만 가능하다면 언제라도 거래를 해도 좋다." 고대 사회에서 이 사고방식에 입각한 대표적인 상품이 똥이었다. 그 당시 똥을 비료로서 거래하는 장사가 있었다. 똥은 매일 배출되기 때문에 언제라도 거래를 해도 상관이 없었다. 따라서 『미쉬나』는 "비료용 똥은 1년 중 아무 때나 가격을 결정해도 좋다"고 규정한다.

그러나 똥은 다른 상품과는 달리 매일 배출되는 만큼 그 가격을 결정한다는 것이 쉽지 않았다. 그래서 『미쉬나』에는 이를 둘러싼 흥미진진한 논의가 많이 수록되어 있다.

랍비 욘은 "똥이 산더미처럼 쌓일 때까지 거래를 해서는 안 된다"고 가르쳤다. 다시 말해 똥을 파는 사람은 대변 처리장이 더 이상 수용할 수 없는 상태가 되었을 때 싼값으로 거래를 하라고 조언한 것이다.

그러나 그때까지 기다리게 되면 처리장 주위가 비위생적으로 된다. 그래서 랍비들은 "언제라도 똥 거래를 해도 좋다"고 규정하고, 다만 "똥을 거래할 때 최저 가격으로 매매하라"는 단서를 붙였다. 또한 랍비 유다는 "먼저 돈을 지불했어도 실제로 똥을 거래할 때 시장 가격이 내려갔다면 초과된 금액을 되돌려달라고 청구해도 좋다"는 판결을 내리기도 했다.

수와 가치

스타인버그 부인은 한때 아들이 장차 이비인후과 의사가 될 것이라고 자랑했다. 여러 해가 지난 후에 한 여자가 그녀의 아들의 안부를 물었다. 그러자 스타인버그 부인은 대답했다.
"예, 잘 지내고 있어요. 그는 치과의사가 되었습니다."
그러자 여자가 말했다.
"아들이 이비인후과 의사가 될 것이라고 말씀하셨던 것 같은데, 무슨 일이 생겼던 모양이군요."
"내 아들은 무척 영리하지요. 그는 인간에게는 귀가 2개뿐이지만, 치아는 32개가 있다는 것을 알게 되었답니다."

··· 탈무드 실천법 11

돈 되는 정보는
누설하지 않는다

라반 가마리엘은 말했다. "이자에는 선이자와 후이자가 있다.
'내게 돈을 빌려주십시오'라고 말하며 주는 선물은 선이자다. 빌린 돈을
돌려주며 '이것은 당신이 그동안 내게 빌려준 돈에 대한 사례입니다'라고
말하는 가운데 주는 선물은 후이자다."
또 랍비 시몬은 말했다. "말로 지불하는 이자도 있다. 돈을 빌려주는
사람에게 돈벌이가 되는 정보를 누설해서는 안 된다."
미쉬나 「바바 메치아」 편, 5·10 후반

돈 되는 정보를 비밀에 부쳐라

유대교나 이슬람교는 이자를 금하고 있다. 이자를 금지하고 있다는 것은 실제로 이자와 관련된 돈거래가 널리 퍼져 있다는 것을 의미한다. 그러나 종교적으로 엄격히 금하고 있는 이상, 유대교의 교사 랍비들은 이자를 노린 돈거래를 단절시키기 위해 많은 경고를 해왔다.

이자가 금지되어 있기 때문에 유대인들은 실물 경제 활동으로 재산 증식을 꾀하게 되었으며, 투자를 통한 재산 증식 방법에 관심을 기울이게 되었다. 유대인 중에 사업가나 투자가로 성공한 사람이 많은 배경에는 유대교의 이자 금지 사상이 있는 것이다.

여기서 주목해야 할 것은 랍비 시몬이 지적한 '레비트 다바르(Levitt dabar)', 즉 "말로 지불하는 이자도 있다"는 내용이다. 이는 정보(말)에 경제적 가치를 인정했다는 점에서 크게 주목해야 할 대목이다.

예로부터 유대인에게는 '베소라(Besorah, 기쁜 소식)'라고 하는 개념이 존재했다. 기독교에서 말하는 '복음(Good News)'이란 말은 히브리어 '베소라'를 그리스어로 번역한 '유앙겔리온(Euangelion)'에서 유래한다. '베소라'와 '유앙겔리온'은 원래 '승리의 기쁨과 생사에 관한 소식을 전한다'는 의미이며, 여기서 말하는 소식에는 돈과 관련된 정보는 일체 들어 있지 않다. 즉 '돈과는 전혀 관련이 없는 기쁜 소식을 알린다'는 뜻이다. 이러한 배경에서 베소라를 '인간의 말로써 표현된 기쁜 소식', 즉 '복음'이라는 종교적 의미로 사용하게 된 것이다.

복음을 전하는 것은 돈과 무관하기 때문에 이자 금지법에 위반되는 행위가 아니다. 그러나 정보를 전달하는 것은 돈과 관련되어 있기 때문에 복음을 전하는 것과는 큰 차이가 있다.

이것은 히브리어에서 좋은 정보를 전달하거나 듣는다는 의미로 '메바셀(좋은 정보를 전달한다)', 또는 '미트바셀(좋은 정보를 듣는다)'이라는 특별 동사를 사용한다는 사실에서 알 수 있다. 가치 있는 정보에 대해서는 특별대우를 한 것이다. 이러한 사실은 유대 민족이 귀중한 정보와 그렇지 않은 정보에 대해 매우 민감한 민족이었다는 것을 시사하고 있다.

정보는 돈 이상의 자원이다

정보는 경제와 밀접한 관계를 맺고 있다. 여기서 정보란 일과 관련된 정보이며 물건(유형의 물질이나 상품 또는 무형의 서비스 등) 그 자체에 관한 정보다. 말(정보)과 일과 물건이 서로 밀접하게 관련되어 있는 것이다.

랍비 시몬이 지적한 '말로 지불하는 이자', 즉 히브리어의 '레비트 다바르'에서 '다바르'란 물건과 일과 말을 동시에 의미한다. 이것은 물건이 그 자체로 가치 있는 것은 아니며, 물건과 일과 말이

삼위일체가 되어야만 비로소 가치가 생긴다는 것을 의미한다.

단적으로 말하자면 말을 어떻게 구사하여 물건과 일에 관련된 정보를 전달하는가에 따라 물건의 가치가 달라진다는 것이다. 그렇기 때문에 물건을 설명하는 말은 최대의 상품이 될 수 있다.

따라서 가치 창조의 자료가 될 수 있는 귀중한 정보는 돈 이상의 부가가치를 갖는 자원으로 인정된다. 이렇듯 유대인이 정보에 민감한 것은 정보의 가치를 일깨워주는 히브리어 '다바르'의 의미를 깊이 이해하고 있기 때문이다.

그러한 배경 때문인지 모르지만 유대인 중에는 정보 산업에 종사하는 자가 많다. 나아가 정보 산업에 종사하는 자는 유대인 사회에서 높은 지위를 확보하고 있다. 그 필두로 기원전 1300년경 모세 밑에서 스파이 활동을 했던 요슈아를 들 수 있다. 그는 모세가 죽은 후 후계자가 되어 이스라엘의 12부족을 통솔, 약속의 땅 가나안을 정복했다.

정보에 대한 감성이 비즈니스를 좌우한다

그리스의 사학자 헤로도토스, 로마의 사학자 투키디데스보다 훨씬 이전부터 유대인은 역사에 깊은 관심을 가지고 각 시대의 자료들을 일일이 선별하고 집대성하여 『성경』이라는 형태로 정리·통합하였다. 그들은 정보 공유야말로 민족 단결을 굳건히

해준다고 믿어 의심치 않았기 때문이다.

아무리 사소한 정보라 할지라도 그것들을 무수히 수집하여 체계적으로 정리하면 일대 진리의 세계가 된다. 유대 율법에 관한 방대한 논의 판례, 그리고 전통적 관습·축일·민간전승·설화 등을 모아 편찬한 『탈무드』가 그 대표적인 예다.

유대인들은 각고의 노력 끝에 조상의 역사와 흔적을 찾아내어 3세기 말엽부터 4세기에 걸쳐 『탈무드』를 편찬했다. 그것도 예루살렘과 바빌로니아 두 곳에서 『탈무드』 편찬에 착수했다. 『예루살렘 탈무드』는 미완성에 그쳤지만, 현재 전하는 『바빌로니아 탈무드』는 6부 63편 525장 4,187절로 단어 수가 무려 250여 만 개나 되며 쪽수는 5,894쪽에 달하는 엄청난 분량이다.

더욱더 놀라운 것은 유대인 학자 중에 이 방대한 『탈무드』 전권을 모두 암기하고 있는 자가 많다는 사실이다. 싱크 탱크(Think Tank)이기 위해서 우선 정보 탱크이지 않으면 안 되었고, 유대의 현인들은 훌륭한 정보 탱크로 활동했던 것이다.

중세에 들어와서도 유대인들의 저자 활동에 대한 노력과 열정은 식을 줄을 몰랐다. 그것을 증명해주는 자료로서 카발라(Kabbalah, 유대 신비주의)의 대표적인 경전 『조하르(Zohar, 광채)』, 철학자이자 법학자인 마이모니데스의 『미슈네 토라』, 그리고 유다 할레비의 『쿠잘리 문답(問答)』 등을 들 수 있다. 유대인들은 생각하기 전에 먼저 세상을 관찰하였으며 고전을 섭렵하고 방대한 지식과 정보를 축적해갔던 것이다.

그런데 여기서 주목할 점은 『성경』 주석에 공을 세운 학자인 라시·이븐 에즈라·나크마니데스 등이 일상생활의 시점에서 『성경』 주석을 했다는 점이다. 이뿐만 아니라 그들의 주석에는 철학·경제·문화·의학 등의 관점에서 바라본 해설과 인용도 곳곳에 나타나 있다.

이것은 유대인들에게 일상의 구체적이고 현실적인 사고와 관련이 없는 철학·신학·법학은 결코 존재하지 않았다는 것을 증명한다. 유대인들이 이렇게 현실을 중시하는 태도는 시시각각으로 변화하는 현대의 정보사회에서, 살아 있는 정보가 얼마나 중요한 것인지 역사적으로 웅변해주고 있다.

"정보에 대한 감성이 비즈니스를 좌우한다." 이것이 유대인의 생활신조라고 해도 과언은 아니다. 정보를 파는 것이야말로 돈이 된다는 것을 알고, 뉴스 통신 서비스를 사업으로 시작한 기업이 바로 통신사의 원조 AFP와 로이터다. 두 통신사의 창업자는 모두 유대인이다. 유대인 아바스는 1832년 파리에서 세계 최초로 아바스통신사를 만들었는데, 이것이 현재 전 세계에 약 500명의 특파원을 배치하고 있는 AFP의 시작이다.

또 그 아바스 밑에서 일하던 P. J 로이터가 독립하여 영국에서 시작한 것이 로이터통신이다. 로이터통신은 현재 특파원 약 1,000명을 두고 있다. 두 통신사는 제품 생산도 하지 않고 오로지 뉴스 유통만으로 엄청난 수익을 올리고 있다. 그야말로 정보가 돈을 낳는다는 말을 실감하게 한다.

통신사뿐만 아니라 신문사, 광고 회사 등에 유대인이 많은 것 또한 유대인 특유의 '다바르 정신'과 무관하지 않을 것이다.

술이 들어가면 비밀이 샌다

어느 날, 노아가 포도나무를 심는 것을 본 악마 사탄이 호기심에 가득차 노아에게 무엇을 하고 있느냐고 물었다. 포도나무를 심고 있다고 대답하면서,
노아는 사탄에게 포도는 달콤하고 시큼한 맛이 있어서
발효시키면 술이 된다고 가르쳐주었다.
"그렇게 좋은 것이라면 내가 거들어주겠네."
사탄은 양, 사자, 원숭이, 돼지를 데리고 와서 죽이고는,
그 피를 밭에 비료로 뿌렸다. 곧 포도 열매가 주렁주렁 달렸고,
그걸로 술을 만들어 마시게 되었다.
처음 한 잔을 마시니 노아는 양처럼 얌전해졌고,
두 잔을 마시니 사자처럼 사나워졌다. 여러 잔 거듭 마시니
노아는 원숭이처럼 소란을 피웠고, 더 마시니 돼지처럼
드러누워 똥오줌을 못 가렸다.

유대인들은 3세기 말엽부터 4세기에 걸쳐 예루살렘과 바빌로니아 두 곳에서 『탈무드』 편찬에 착수했다. 『예루살렘 탈무드』(오른쪽)는 미완성에 그쳤지만, 『바빌로니아 탈무드』(왼쪽)는 5,894쪽에 달하는 엄청난 분량으로 완성되었다.

제2장 비즈니스는 넓게, 얕게, 많이 | 101

머리맡에 두고 읽는 탈무드 지혜 2

유대인의 '박리다매' 사업 발상

오늘날 대부분의 사람들은 상품이나 서비스를 고가로 제공하여 한 건당 이익을 최대한 높이려고 한다. 그러나 그것은 사회 전체가 고도의 경제 성장을 보이고 있을 때만 가능하며 불경기 또는 경기 침체 현상이 계속될 때는 실행하기 힘들다. 이것은 동서고금을 막론하고 변하지 않는 사실이다.

경기가 활황이든 불황이든 많은 이익을 낼 수 있는 방법은 없을까? 다음의 이야기는 그에 관한 단서를 제공한다.

미국의 영화 산업이나 매스컴, 금융업 등은 유대인이 주름잡고 있다고 해도 과언이 아닐 것이다. 그런데 그러한 사업들에서 유대인들은 고객에게 비싼 가격을 제시하여 부를 축적하고 있지 않다. 오히려 박리다매(薄利多賣)의 전략으로 어떻게 많은 고객들을 끌어들일 것인가 고민하고 있다. 거기에 유대인들의 사업 발상이 근거하고 있는 것이다.

고객이 많이 모여들면 적은 이익이라도 많은 상품이 팔릴 수 있고, 그에 따라 현금 흐름도 좋아진다. 상품과 현금이 원활하게 돌아가면 사업은 급속도로 가속이 붙게 되고 거대기업으로 성장해갈 수 있다. 나아가 사업이 거대화되면 자본이 집중되고 이윽고 산업 전체에 대한 발언권도 강해진다.

따라서 유대인에게 기본이 되는 사업 발상은 어디까지나 '넓게, 얕게, 많이'다. 그들에게 '좁게, 깊게, 적게'라고 하는 발상은 아예 존재하지 않는다.

출입구가 넓다는 것은 많은 사람들을 수용할 수 있다는 것을 의미한다. 또한 그만큼 정보 수집의 기회를 많이 포착할 수 있다는 것도 의미한다. 많은 사람들과의 접촉을 통해 얻게 되는 신빙성 있는 대량 정보는 곧 새로운 착상과 새로운 사업 기회를 창출해내는 것이다.

가능한 한 많은 사람들과 접촉하라

요컨대 얼마나 많은 사람들과 접촉할 수 있는가가 중요하다. 그것은 얼마나 많은 돈을 벌어들이느냐 하는 발상과는 다르다. 그것은 어떻게 하면 많은 사람들이 손쉽게 물품이나 서비스를 이용할 수 있도록 배려하느냐와 관련된다.

혼자서 돈을 버는 데는 한계가 있다. 때문에 많은 사람들이 단한 번의 흥정으로 높은 이익을 내려고 한다. 그러나 정작 중요한 것은 단 한 번에 큰 이익을 빼낼 상대로서 고객을 보는 것이 아니라 자신에게 이익을 가져다주는 사원과 같은 존재로 고객을 보아야 한다는 사실이다.

사원에게 급여나 각종 수당을 지급하고 있듯이 자신의 고객에게도 수당을 지급한다는 마음가짐으로 고객을 대해야 한다. 고객에게 수당을 지급한다는 것은 그만큼 저렴한 요금을 제시하는 것이다. 그렇게 하면 기존의 고객이 새로운 고객을 소개해주고, 또 그 새로운 고객은 또 다른 고객을 소개해주는 연쇄반응 효과가 나타난다. 결국 고객이 눈덩이처럼 불어나게 되면서 이익 또한 비례하여 커지는 것이다.

유대인의 장사 철학

상품의 개성을 중요시하라.

소유주는 이익의 절반을 취득할 권리가 있다.

이익의 절반을 얻는다는 것은 손해의 절반도 책임진다는 것이다.

구매자와 판매자 서로의 이익을 존중하라.

상품이 존재하는 순간 시장도 존재한다.

상인은 싸게 살 수 있는 모든 상품을 사서 적은 이문을 남기고

가능한 한 빨리 팔아야 한다.

고객을 끝까지 보호하고, 넘겨주는 물건은 끝까지 책임져라.

자유란 리스크에 대한 보상이다.

상대의 선의를 역으로 이용하지 말라.

빌려준 자는 빌려준 물건의 운용 이익에 관여할 수 있다.

아무리 노력해도 돈이 안 되는 장사보다

조금만 노력해도 돈이 되는 장사를 선택하라.

찾아보면 돈을 벌 수 있는 길은 얼마든지 있다.

신을 경외하는 자보다 노동의 결실을 기뻐하는

자가 더 위대하다.

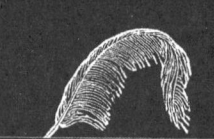

...

유대인은 유독 순정품을 좋아한다. 순정품이란 불순물이 섞이지 않은 것, 즉 품질을 속이지 않고 정직한 가격을 매겼다는 의미다. 유대인의 네트워크는 끈끈하기로 정평이 나 있다. 이런 유대사회에서 신용을 잃는다는 것은 죽음을 자초하는 일이다. 그래서 그들은 '평판이 최선의 소개장이다'라는 격언을 금언으로 삼고 있다. 유대인에게는 신뢰를 얻는 데는 정직과 함께 책임을 강조한다. 유대인은 고객에게 판 물품의 가치가 떨어져 불만이 제기되거나, 제공한 서비스가 불충분하여 고객으로부터 클레임이 들어왔을 때 세세한 부분에까지 책임을 묻고 있다. 소비자는 실수보다 그 실수에 대해 책임지는 모습을 보고 평가를 달리하게 된다. 유대인은 랍비도 인간이다. 그러므로 실수를 할 수도 있다'라고 사람의 실수에 너그럽지만 '룰을 지키지 않는 자와는 손을 잡지 말라'고 경고한다.

제 3 장

신용은
최고의 화폐

··· 탈무드 실천법 12

정직한 '품질과 가격'이 신용이다

어떤 생산물을 다른 생산물과 섞어서는 안 된다. 설사
그 생산물들이 신선한 것과 신선한 것일지라도 섞어서는 안 된다.
하물며 새로운 것과 오래된 것을 섞는다는 것은 있을 수 없다.
다만 맛이 강한 와인을 맛이 약한 와인에 섞는 것은 허용된다.
이는 그 품질을 더욱 높이기 때문이다. 와인의 앙금을 와인에 섞어서는
안 된다. 그러나 와인을 산 손님에게 앙금을 덤으로 주는 것은 무방하다.
또 와인에 물을 섞어 가게에서 판매해서는 안 된다. 다만 그 취지를
고객에게 알리고 판매한다면 불법은 아니다. 그러나 설사 그 취지를
알린다 해도 물이 섞인 와인을 상인에게 도매해서는 안 된다.
왜냐하면 그 상인이 고객을 속일 가능성이 있기 때문이다. 다만 와인을
물에 섞는 것이 그 지방의 풍습인 경우 법에 저촉되지 않는다.

미쉬나 「바바 메치아」편, 4·11

품질관리부터 철저히 하고 정직하게 팔아라

장사에서 정직은 구매자가 만족할 때 생긴다. 구매자의 만족은 판매자에게는 신뢰로 쌓여 비즈니스 기회를 더 확대해주는 기회가 된다. 오늘날 공산품에도 유통기간을 제한하여 구매자의 권리를 보호하고 있는데 탈무드에는 이미 수백 년 전에 이것을 분명하게 기록해두고 있다.

특히 음식물과 술 등에 까다로운 규정을 두어 어떤 물품이든 섞이지 않아야 한다고 규정하고 있다. 밀이나 보리처럼 한눈에 알 수 있는 음식물뿐만 아니라 햇밀과 묵은 밀처럼 구별이 쉽지 않은 것도 섞어 팔아서는 안 된다. 다만 맛이 강한 와인을 약한 와인에 섞는 것은 허용하고 있다. 이는 품질을 높여 구매자에게 이익이 되기 때문이다.

와인을 물에 섞어 판매해서는 안 되지만 그 취지를 고객에 알리고 판매한다면 무방하다고 규정한 것과 설사 그 취지를 알렸다 해도 다른 상인과 도매상에게는 판매를 금지하고 있다. 이는 물을 섞은 와인을 중간 상인이 속여서 팔 우려가 있기 때문이며 한편 유통 중에 잡균이 스며들어 부패하는 것을 방지하기 위한 규정이다.

이런 행위는 상인에게 신용을 잃게 하고 고객에게는 피해를 주는 행위이므로 물건을 얼마에 팔 것인가 생각하기 전에 상품관리부터 철저히 하여 정직하게 파는 것이 중요함을 강조하고 있다.

상품의 미묘한 개성을 존중하라

유대인은 같은 품종의 작물이라도 다른 밭에서 수확한 것은 따로따로 관리하고 판매한다. 밭이 다르면 맛이나 향기도 미묘하게 다르기 때문이다.

'따로따로'라는 사고방식은 비단 장소에만 적용되는 것이 아니다. 수확한 시기에 따라서도 엄격히 구별해야 한다는 것이 유대인의 사고방식이다. 그 이유는 수확 시기가 상품의 신선도와 밀접한 관계를 맺고 있기 때문이다. 신선도가 다른 것을 같은 가격으로 팔 수는 없는 것이다.

하물며 새로운 것에 오래된 것을 섞어 판다는 것은 용납될 수 없다. 정직이야말로 비즈니스의 기본이며 고객에 대한 예의다. 만약 매입한 상품이 오랫동안 팔리지 않고 남아 있다면 이것은 파는 측이 예상을 잘못한 것이기 때문에 파는 측의 책임이다. 재고품에 따른 리스크는 전적으로 파는 측이 져야 할 책임이며 그것을 고객에게 부담시켜서는 안 된다.

끝까지 고객의 신뢰를 유지하라

상품의 신선도와 생산지가 명확하고 가격도 적정할 경우 팔리지 않을 상품은 없다. 그 대표적인 예로 미국 브로드웨이 478

가에 자리 잡은 제이발이라는 식료품 가게의 수많은 식료품을 들 수 있다. 거기에는 전 세계의 모든 식료품이 두루 갖춰져 있다. 피클, 소시지도 몇 십 종류나 구비되어 있다. 제품 하나하나에 독특한 향기와 특성이 있으며 미묘한 맛의 차이가 있다. 제이발에서 파는 올리브의 맛은 말로 형용할 수 없을 정도다. 상품의 신선도를 중시하고 적정한 가격을 제시하는 제이발은 지금도 해를 거듭하여 급속히 성장하고 있다.

한편 뉴욕의 고급 의류 브랜드인 바니의 경우는 어떤가. 바니는 25년 전 아울렛 쇼핑 바람을 일으키며 스토어(Outlet Store)의 대명사로 급성장해왔다. 그 비결은 유명 브랜드 재고품을 대량 구매하여 브랜드 라벨만 떼고 싼값에 판매했던 것이다. 재고 전문 직판점으로서 바니는 '싸기 때문에 쇼핑은 바니에서'라는 캐치프레이즈를 내걸었고, 고객들은 유명 브랜드의 재고품을 찾아 수백 킬로미터나 떨어진 먼 길도 마다하지 않고 몰려들었다. 그러던 어느 날 바니의 경영에 적신호가 켜졌다. 그 이유는 창업 당시 비즈니스 철칙으로 내건 아울렛 정신을 잊고 고급 브랜드를 흉내 냈기 때문이었다.

제이발과 바니라는 두 업체의 예를 통해 우리는 비즈니스에 있어 고객의 신뢰 확보라는 측면과 고객 신뢰의 유지라는 측면이 얼마나 중요한지 알 수 있다.

정직은 때로 기막힌 상술

한 유대인이 카페에 들어와 맥주 한 잔을 주문했다. 술집 주인은 맥주 절반쯤에다 거품이 절반쯤 들어 있는 맥주 한 잔을 손님에게 갖다 주었다. 그때 손님이 물었다.
"하루에 맥주를 몇 병이나 파십니까?"
"하루에 약 스무 병 정도 팝니다."
손님이 말했다.
"나는 댁이 맥주를 좀 더 많이 팔 수 있는 방법을 알고 있습니다."
술집 주인이 물었다.
"어떻게 하면 되나요?"
손님이 말했다.
"잔에 맥주를 가득 채우면 됩니다."

··· 탈무드 실천법 13

신중함이 없으면 신뢰도 없다

어떤 사람이 밭을 빌렸다. 그런데 그 밭 주위에는 관개용 샘이 있었고 방풍림이 둘러쳐져 있었다. 만약 밭을 빌린 사람이 관개용 샘과 방풍림에 관하여 아무런 말도 없이 밭을 빌렸다면, 관개용 샘이 바싹 말라버리거나 방풍림의 나무가 모두 시들어도 자신의 지대를 내릴 수 없다. 그러나 만약 빌리는 자가 "샘이 있는 밭을 임대해주게" 또는 "나무가 있는 밭을 임대해주게"라고 말한 경우, 샘이 마르거나 나무가 시든다면 그의 지대를 내려도 상관없다.

미쉬나 「바바 메치아」편, 9·2

계약서는 서로 신뢰하고 있다는 증명서다

계약의 관념은 유대인들의 생활 속 깊이 뿌리박고 있다. 하나님이 노아와 평화 계약을 맺은 이래 유대 민족은 조상 대대로 계약 자체를 생활의 일부처럼 여기며 살아왔다. 결혼 또한 계약서를 작성해야 할 수 있다. 부부의 애정이든 친자의 애정이든 애정과 계약은 별개라고 생각하는 것이다.

우리 사회에서 일반적으로 통용되는 계약서라는 개념에는 상대에 대한 불신감이 전제되어 있으며, 계약서를 마치 상대를 구속하는 수단으로 생각하는 경향이 있다. 이 때문에 대부분의 사람들은 서로 신뢰할 수 있는 관계라면 계약서는 필요 없다고 생각한다. 그러나 유대인에게 있어서 계약서는 서로 신뢰하고 있다는 증명서와 같으며, 그 신뢰를 유지한다는 의미에서 계약서를 교환한다.

유대 사회에서 계약서는 계약 당사자 간에 문제가 발생했을 경우 해결에 대한 직접적인 열쇠가 되며, 계약 내용에 없는 사항은 면책된다. 그러므로 계약을 둘러싸고 분개하거나 책임 회피를 하는 등의 사태는 결코 일어나지 않는다.

앞에서 소개한 『미쉬나』의 「바바 메치아」편 9장 2절에서와 같이 계약할 때 '샘이 있어서 그 밭을 빌리는 것'이라고 임차 이유를 분명히 제시하고 밭을 빌린 경우, 샘이 마르면 그만큼 지대를 내려도 좋다. 즉 임대 조건을 만족시키지 못하는 계약은 그만큼의 대가를 치러야 한다는 것이다.

그러나 계약서에 빌리는 조건으로 샘에 관한 내용이 분명히 명시되지 않았을 경우 샘이 딸린 밭이라도 샘은 임차 관계에 영향을 미치지 못한다. 따라서 샘이 고갈되더라도 임차료를 내릴 수 없다. 방풍림의 경우 또한 마찬가지다.

요컨대 계약에 있어서는 이러이러한 것에 초점을 두고 계약한다는 것을 상대방에게 명확하게 인식시켜두어야 하는 것이다. 그 초점이 애매모호한 상태에서 계약이 이루어지게 되면 문제가 발생했을 경우 어느 한쪽이 억울하게 손해를 보더라도 참을 수밖에 없다. 이 때문에 유대인들은 사업 상담을 할 때 대략적인 것에는 즉시 합의하지만 그 후 세부적인 계약 내용을 작성하는 과정에서는 대단히 많은 시간과 노력을 투자한다.

이와 반대로 일반 사람들은 비즈니스를 성사시키기 위해 많은 시간과 정성을 들이지만 일단 합의만 이루어지면 계약서를 형식에 불과한 것처럼 취급하는 경향이 있다. 그로 인해 나중에 계약 파기 등 여러 가지 문제가 생기는 경우도 있고, 거액의 손실을 보기도 한다.

신중한 결정과 상호 신뢰는 정비례한다

일반적으로 사람들은 어떤 일이 어렵게 성사되면 상대방이 자신을 신용하지 않는다고 의심하는 경향이 있다. 그러나 유대인들은 모든 일을 까다롭고 세심하게 결정하는 것을 좋아한다. 그들은 신중을 기한 결정과 상호 신뢰는 정비례한다는 신념을 가지고 있다. 그들에게 있어서 신념은 생명보다 강한 것이다.

유대인은 첫 대면의 자리에서도 상대가 좋은 사람이라고 생각되면 마치 십년지기 친구라도 만난 것처럼 친근하게 대한다. 또한 자신의 사생활까지도 서슴없이 털어놓는다. 흔히 유대인들을 지극히 타산적이며 자신의 몫에 민감한 사람처럼 생각하지만, 일단 신뢰 관계가 형성되면 그들은 결코 배신하지 않는다.

그러나 유대인은 유독 돈과 계약에 관한 결정은 귀찮도록 세밀하게 따진다. 계약서상의 별것도 아닌 서식이나 문장을 가지고도 입가에 거품을 물고 싸운다. 이익과 중간 이윤에 관해서는 상상을 초월한다. 그들에게 모호한 규정이나 적당주의는 애당초 없는 셈이다. 서로의 의견이 엇갈리면 어느 쪽이 타당한가를 철저히 따진다. 격론을 벌이다 보면 때로 욕설이 오가는 일도 있다. 그러므로 상담이 하루에 끝나는 일은 거의 없다.

얼굴을 붉히며 끝난 상담이라면 며칠간 말미를 가지고 냉각기를 가진 다음 만나는 게 보통인데 유대인도 그럴 것이라고 생각했다간 허를 찔리기 십상이다. 언제 그랬냐는 듯이 다음날이면 아무렇지 않은 표정으로 불쑥 얼굴을 내민다. 이렇게 되면 이미 협상 주도권의 칠할쯤은 유대인에게 넘겨주게 된다. 이를 철저히 계산하고 공격하여 자신이 원하는 것을 취하는 게 유대인이다.

유대인과 비즈니스를 하거나 교제를 하면 알 수 있듯이 그들의 대단한 수준의 해박한 지식에 놀라게 된다. 정치·경제·사회·역사·스포츠·예술·레저 등 모든 분야에 걸쳐 매우 풍부하고 다양하다. 이렇듯 풍부한 지식의 유대인이 보다 폭넓은 네트워크를 가질 수 있을 것이라는 것을 짐작하기에는 어렵지 않다. 그뿐만 아니라 이런 폭넓은 지식은 시야를 넓혀 정확한 판단을 내리는 데 많은 도움을 주고 있다.

그러나 모든 것을 화제로 올려 만남의 자리를 주도하는 유대인에게도 금기는 있다. 전쟁과 종교와 음담을 절대로 해서는 안 된다는 묵시적 규율이 바로 그것이다. 전 세계를 전전하면서 쫓겨야 했던 유대인으로서 자칫 분위기를 깨거나 대립이 생길 요소가 있는 화제를 피하는 것이 사업에 도움이 되기 때문일 것이다.

우는 까닭은?

 죽는 순간 누가 나에게,
'그대는 공부했는가?'
'그대는 하나님께 기도했는가?'
'그대는 자선을 베풀었는가?'
'그대는 올바른 행동을 해왔는가?' 라고 물으면
전부 '네'라고 대답할 수 있다네.

그러나 '그대는 인간 생활에 참여해 본 적이 있는가?'라고 물으면 '아니오'라고 밖에는 대답할 수 없지.
그 때문에 나는 울지 않을 수가 없다네.

··· 탈무드 실천법 14

원인을 제공했다면 반드시 책임을 진다

상해를 초래하는 주요인은 황소, 마른 우물, 농작물을 망치는 동물, 그리고 화재다. 이것들의 공통된 점은 다른 것에 손해를 입힌다는 것이며, 손해에 대한 책임이 관리자에게 있다는 것이다.
손해를 입힌 경우 책임자는 그 지방에서 통용되는 최상의
방법으로 피해를 배상해야 한다.
미쉬나 「바바 캄마」편, 1 · 1

뛰어난 실천에 앞서 구체적인 원칙이 필요하다

유대인 사회에서 무원칙이란 있을 수 없다. 모든 것에는 기본 원칙이 존재하며 처음부터 원칙을 정한 다음 일에 착수한다. 그 때문에 원칙의 설정이나 기본 계약이 성립되기까지 많은 시간이 소요되는 경우가 많다. 그러나 일단 원칙이 정해지면 그다음 행동은 일사천리로 진행된다.

『구약성경』에 따르면 모세와 이스라엘 민족이 하나님 여호와로부터 십계를 받은 일은 하룻밤 사이에 일어난 일이었다. 그러나 십계의 구체적인 운용 세칙을 총망라한 613개의 계율이 완성되기까지 40일 동안의 연구 기간이 걸렸다. 원리·원칙을 정하기 위해서 40일간 시내산에 머물렀던 것이다. 이와 같이 유대인이 원칙을 중시하는 데는 세 가지 이유가 있다.

첫째, 유대 민족은 서로 다른 부족들끼리 힘을 합쳐 결속된 민족 집단이라는 점이다. 고대 이스라엘은 12부족으로 구성되어 있었으며, 그들 12부족들의 출신과 가치관은 서로 달랐다. 따라서 그들에게는 공통된 판단 기준으로서 누구나 알 수 있고 준수해야 하는 원칙이 필요했던 것이다.

둘째, 유대인들은 예나 지금이나 논쟁과 토론을 좋아한다는 점이다. 유대 민족은 설사 그 상대가 신이라고 할지라도 토론에 있어서만큼은 주저하지 않는 민족이다. 일반적으로 인간은 상대가 신이라면 무조건적으로 그를 따른다. 그러나 유대인들은 자신이 납득할 수 있을 때까지 신과도 논쟁을 벌인다. 그런데 논쟁에서는 논쟁의 시시비비를 가릴 수 있는 객관적인 판단 기준, 즉 원칙이 필수적으로 요구된다.

셋째, 유대인은 실천이 뛰어나다는 점이다. 유대인은 때로 명령이나 설명을 충분히 듣기도 전에 밖으로 뛰쳐나가 자신의 생각만으로 행동에 착수한다. 팔레스타인에 국토를 재건하려고 할 때도 그러한 행동을 취했었다. 당시 오스트리아의 빈에서 유대인 국가를 팔레스타인에 재건할 것인가, 아니면 아프리카에 재건할 것인가를 두고 한창 논의가 진행되고 있었다. 그러나 그 논의 진행의 와중에서 유대 개척자들은 이미 불모의 땅 팔레스타인에 들어가 매일같이 노동하며 유대 민족의 생활 터전을 마련하고자 갖은 노력을 다하고 있었다.

그런데 뛰어난 실천도 좋지만, 그 실천과 관련하여 발생할 수 있는 문제를 미리 염두에 두지 않을 경우 큰 난관에 봉착할 수 있다. 따라서 뛰어난 실천에 앞서 구체적인 원칙이 필요했던 것이다.

손해는 반드시 물품 또는 돈으로 배상하는 것이 원칙이다

유대인 사회에서 통용되는 원칙이란 서로가 충분히 납득할 수 있는 공통된 원칙, 그리고 객관성이 있으며 문제 위주의 구체성을 갖고 있는 원칙이다. 그렇다면 이제 구체적으로 손해의 책임 소재와 해결 방법에 관한 원칙으로 어떤 것들이 있는지 알아보자.

첫째, 과실이나 부주의에 의한 피해 또는 당사자가 전혀 모르는 상황에서 일어난 피해에 대해서도 원인을 제공한 사람은 반드시 관리 책임을 져야 한다는 것이다. "상해를 초래하는 주요한 요인은 황소, 마른 우물, 농작물을 망치는 동물, 그리고 화재다… 이것들의 공통된 점은 다른 것에 손해를 입힌다는 것이며, 손해에 대한 책임이 관리자에게 있다는 것이다"는 구절이 그와 관련된다. 황소는 뿔로 사람이나 가축을 다치게 할 수 있다. 마른 우물을 그대로 방치해두면 사람이나 가축이 그 우물에 빠져 사고를 당할 수 있다. 또 소나 염소를 잘 관리하지 않을 경우 농작물을 망쳐 밭 주인에게 피해를 줄 수 있으며, 대부분의 화재 또한 관리 소홀에서 발생한다. 이 모든 경우 원인 제공자는 그 결과에 대한 책임을 져야 한다.

둘째, 원문에서 직접적으로 언급되어 있지 않지만 예견할 수 있는 사고일 경우에도 책임을 져야 한다는 것이다. 황소가 사람을 뿔로 받는 것이나 마른 우물에 사람이 빠질 수 있는 것이나 소나 염소가 농작물을 망치는 것은 모두 구체적으로 예견할 수 있는 것이다. 따라서 여기에 나와 있지 않은 사고에 대해서도 그 사고가 예견할 수 있는 것일 때, 그 사고의 원인 제공자는 책임을 져야 한다. 사고를 예견할 수 있다는 것은 사고를 둘러싼 책임의 소재를 명확하게 하는 판단 기준이 된다.

셋째, 손해는 반드시 물품 또는 돈으로 배상해야 한다는 점이다. 『탈무드』는 "손해를 입힌 경우 가해 책임자는 그 지방에서 통용되는 최상의 방법으로 피해를 배상해야 한다"고 규정짓는 가운데 배상액은 최고액으로 할 것을 명하고 있다. 설사 피해를 입은 물건이 싼 것이라 할지라도 배상하는 측은 사고가 일어난 지방에서 입수할 수 있는 최고급의 물품 또는 그것에 상당하는 금액으로 배상해야 한다는 것이다. 이것이 유대 사회에서 통용되는 철칙이며 법규다.

원인 제공자는 책임을 면할 수 없다

사고에 대한 배상금을 최대한 낮추려고 하는 것은 그 사람의 자유다. 다만 그렇게 하기 위해서는 원칙으로서 정해져 있지 않는 것을 찾아낼 수 있어야 한다. 그러나 유대법은 매우 구체적이고 어떤 사건을 유사한 사건에 대해 적용할 수 있도록 되어 있어 원칙으로 정해져 있지 않는 탈출구를 찾기란 쉽지 않다.

이를테면 개가 사람을 물었는데 개의 주인이 "원칙은 '소'에 대해서만 규정되어 있고 '개'에 대해서는 언급되어 있지 않기 때문에 책임이 없다"고 주장했다고 하자. 그러나 유대 재판관은 "그 대상물이 개든 소든 사람에게 상해를 입혔다고 하는 사실이 중요하다.

따라서 소가 뿔로 사람을 다치게 한 경우에 준하여 개가 사람을 문 경우도 반드시 그 책임을 져야 한다"고 판결을 내릴 것이다.

이 재판에서 개의 주인이 승소하기 위해서는 적어도 '개'가 법 적용에서 제외되는 동물이라는 것을 증명함과 동시에 개의 주인이 승소한 유사한 사건이 있다는 것을 입증해야만 한다. 더 나아가 피해자에게 전적으로 책임이 있다는 것을 증명해 보여야 한다. 그렇지 않는 한 원인 제공자는 결코 책임을 면할 수 없다.

연장을 가진 기술자

"죄를 짓지 않을까 두려워하는 마음을 가지고 있는 현자를 무엇에 비유할 수 있을까요?"
"그런 사람은 손에 연장을 들고 있는 기술자와 같습니다."
"그러면 죄를 짓지 않을까 두려워하는 마음이 없는 현자는요?"
"그런 사람은 연장이 없는 기술자와 같지요."
"그렇다면 현자는 아니지만 죄를 두려워하는 마음을 가지고 있는 사람은요?"
"기술자는 아니지만 손에 연장을 들고 있는 사람이지요."

··· 탈무드 실천법 15

관리 소홀의 책임도 배상한다

관리 책임과 관련된 죄에는 과실에서 비롯된 다섯 가지 죄와 예견하지 못하는 데서 비롯된 다섯 가지 죄가 있다.
가축이 ① 뿔로 박고 ② 밀고 ③ 물고 ④ 구부리고 ⑤ 차는 다섯 가지 행동은 언제 일어날지 예견할 수 없다. 이와 관련하여 죄를 범한다면 이는 과실에서 비롯된 죄다.
그러나 ① 가축이 이빨로 상품을 물어뜯거나 ② 길을 지나가다가 다리로 무언가를 밟거나 ③ 황소가 공공장소가 아닌 마당에서 상해를 입히거나 ④ 관리 소홀로 사람(노예)이 잘못된 행동을 하거나 ⑤ 늑대, 사자, 곰, 표범, 뱀이 위험한 행위를 하는 것은 예견할 수 있다. 이 다섯 가지와 관련하여 죄를 범한다면 이는 예견하지 못한 데서 비롯된 죄다.
미쉬나 「바바 캄마」 편, 1·4

예견할 수 있는 일과 예견할 수 없는 일의 손해배상

필자가 유대인으로부터 배운 가장 큰 것은 그들의 뛰어난 행동력이다. 하나님이 유대인들에게 십계를 내리며 계약을 맺자고 제안했을 때 그들은 십계의 내용을 듣기도 전에 "그것을 실행하겠습니다"라고 맹세했다. 유대 민족은 이 일을 대단히 자랑스럽게 여기며 자신들을 일컬어 '가르침을 듣는 것보다 실행을 우선하는 민족'이라고 표현한다.

유대인들은 먼저 행동으로 옮기고 나서 올바르지 않다고 판단되면 그때 깊이 반성한다. 행동하지 않고 논의만 해서는 이치에 맞는 결론을 이끌어낼 수 없기 때문이다. 어떤 사실이 존재하고 그 사실과 관련된 행동이 있다면 무엇이 문제인지, 무엇이 좋고 나쁜지, 그리고 어떻게 해야 더욱 좋아질 수 있는지 논의하며 연구할 수 있다.

히브리어 '나아세, 베 니쉬마'는 '우리는 실행하자, 그리고 우리는 듣자'를 의미한다. 그러한 의식을 가진 민족이기 때문에 유대인의 법률에 대한 접근 방법은 현실 제일주의다. 법에 대한 논의에 있어서도 구체적인 사례를 일일이 들어가면서 토론을 펼치는 것이다.

『탈무드』에서 손해배상을 중점적으로 다루고 있는 「바바 캄마」편은 "반드시 지켜야 할 것에 대해 책임을 져야 한다"고 명한다. 그러나 '반드시 지켜야 할 것'의 책임 범위가 어디까지인지 불명확하다. 그래서 랍비들은 위험을 '예견할 수 있는 예'와 '예견할 수 없는 예'로 나누어 책임의 정도를 판단했다.

양이나 염소, 당나귀 등의 가축이 사람을 덮치는 일은 거의 없다. 따라서 평상시에는 이러한 가축들이 사람이나 다른 동물에게 피해를 입히더라도 가축의 주인은 "그 사고를 예견할 수 없었다"고 주장할 수 있으며, 그 주장은 인정된다. 여기서 가축의 주인은 피해를 끼친 만큼만 보상하면 되고 모든 책임은 그것으로 끝난다.

그러나 사람들이 많이 모여 있는 시장에 가축을 데리고 나간 경우 얌전한 가축이라도 가축 주인이 방심한 틈을 타서 가게 앞의 야채나 과일을 먹거나 지나가는 사람들을 차거나 할 가능성은 충분히 예견할 수 있다. 이런 경우는 예견할 수 있었기 때문에 가축 주인은 당연히 그 책임을 져야 한다. 하물며 광폭한 성질을 가진 황소나 맹수는 두말할 필요 없이 그 위험을 예견할 수 있다. 따라서 만약 사고가 일어났을 경우 가축 주인에게 최고액의 손해배상을 청구해도 그는 청구에 응해야 한다.

사람 관리도 책임 범위에 포함된다

『탈무드』의 내용 중에서 가장 흥미진진한 것은 '사람 관리'도 예견할 수 있는 책임 범위에 포함시키고 있다는 점이다. 즉 사람이 타인을 발로 넘어뜨리거나 물거나 차거나 또는 폭행을 하는 것 또한 우연이 아닌 의도적인 행위로 간주한다는 것이다.

가령 길을 전속력으로 달리다가 타인과 부닥치더라도 그것은 단순 사고가 아니다. 왜냐하면 사람들이 지나가는 길을 달릴 때는 주위에 폐를 끼치지 않도록 주의해서 행동해야 하기 때문이다. 다만 『탈무드』에서 말하는 '사람'이란 노예를 의미한다.

고대 사회에서 노예는 독립된 인권과 인격을 인정받지 못했기 때문에 노예가 일으킨 사고에 대해서는 그 주인이 전적으로 책임을 져야 했다.

이와 같은 사고방식을 현대에 적용시킨다면 사원이 근무 시간 내에 일으킨 사고의 책임은 회사가 져야 한다는 것이다. 사전에 사원의 사고를 방지하기 위해서는 평소에 사원 교육을 철저히 시킬 필요가 있다. 사원이 무엇을 생각하고 어떻게 행동하려고 하는지 파악하는 것은 경영자의 책임 가운데 하나인 것이다.

유대 민족이 긴긴 방황과 박해와 시련을 극복하고 이 땅에 끝까지 살아남을 수 있었던 것은 자기의 책임 범위를 명확히 인식하고, 사고에 대한 책임을 당연하게 여기며 살아왔기 때문이다.

쓸모없는 우산

 켈름의 현자 두 사람이 산책하러 나갔다. 한 사람은

우산을 가지고 있었고, 다른 한 사람은 그렇지 않았다.

그런데 갑자기 비가 내리기 시작했다.

우산이 없는 현자가 제안했다.

"빨리 우산을 펴게!"

다른 현자가 대답했다.

"아무 소용없을 걸세!"

"소용없다는 게 무슨 말인가? 우산으로 비를 막아야지."

"소용없네. 이 우산은 구멍이 많네."

"그럼 애당초 왜 이 우산을 들고 나왔나?"

"비가 올 줄 몰랐지."

··· 탈무드 실천법 16

지위가 높을수록 책임지는 법을 배워야 한다

기름부음을 받은 제사(祭司)가 재직 중에 죄를 범하고 대제사직에 물러날 경우 죄의 대가로 황소를 바쳐야 한다. 마찬가지로 국가 원수가 재직 중에 죄를 범하고 대권에서 물러날 경우 죄의 대가로 숫염소를 바쳐야 한다.

기름부음을 받은 제사가 대제사직을 물러난 후에 죄를 범했을 경우 죄의 대가로 황소를 바쳐야 한다. 마찬가지로 국가 원수가 대권에서 물러난 후에 죄를 범했을 경우 일반 민중에 준해서 제물을 바쳐야 한다. 기름부음을 받은 제사가 국가 원수로 임명되었는데 임명 전에 죄가 있었음이 판명되었다. 그 경우 그들은 민중에 준하여 제물을 바쳐야 한다. 이와 관련하여 랍비 시몬은 이렇게 말했다. "임명 전에 죄가 판명된 경우 민중에 준하여 제물을 바친다. 그러나 임명 후에 죄가 판명된 경우 제물이 면제된다."

미쉬나 「호라요트」편, 3·1~3

세계 최고의 위기관리 전문 회사 ICTS

독일의 시사주간지 「슈피겔」은 이스라엘의 '모사드(Mossad)'를 세계 최고 정보기관으로 선정·발표한 적이 있다. '최고의 프로 의식', '요원들의 높은 사기', '극도의 위험 감수 정신' 등으로 무장한 모사드는 세계 최고 정보기관으로서 손색이 없다고 발표하면서 아직까지 모사드의 약점을 발견할 수 없었다고 덧붙였다.

ICTS(International Consultants in Targeted Security)는 이러한 모사드의 위기관리 비결을 일반 기업에 제공하는 컨설팅 회사로 세계 18개국에 50개의 거점을 두고 있으며 약 2,500여 명의 요원으로 구성되어 있다.

ICTS는 페루의 일본 대사관에서 인질 사건이 발생했을 때도 페루 정부의 요청을 받은 이스라엘 정부기관을 대신하여 사건 해결을 위해 협력했다. 게릴라로부터의 인질 구출 등을 전문으로 다루는 회사는 여러 곳 있지만 그 대부분의 방식이 목숨과 맞바꾸는 식의 교섭인 경우가 많다. 그러나 ICTS는 모사드의 정보 수집 방법이나 이스라엘군의 테러 대책 방안을 이용, 페루 일본 대사관 사건을 큰 사고 없이 해결하는 데 성공했다.

필자는 ICTS의 강연을 들은 적이 있는데, 생생한 인질 구출 비결까지는 공개하지 않았다. 그러나 위기관리에 대한 그들의 사고방식과 기본자세에서 우러나오는 경험의 깊이는 충분히 실감할 수 있었다.

ICTS는 위기를 세 가지 종류로 분류한다. 자연 재해, 인적 재해, 테러리즘이 그것이다. 특히 80년대 이후 세계 각지에서는 테러리즘을 포함한 '인재(Human Crisis)'가 많이 발생하고 있다. 그런데 각각의 위기에 대하여 대처하는 방식이 똑같을 수는 없다. 때문에 위기관리 컨설팅 회사의 활동이 요구되는 것이다.

최근 ICTS의 활동은 위기가 발생한 후에 위기관리 대책을 제공하기보다는 위기 예방 및 위기 억제 대책 컨설팅을 제공하는 쪽으로 방향을 잡아가고 있다. 왜냐하면 재해나 사고를 사전에 예방하는 시스템이 구축되어 있을 경우 실제 사고가 일어나더라도 피해를 최소한으로 막을 수 있기 때문이다. 그들의 사고방식에는 새겨 들어야 할 점들이 매우 많다. 그 일부분을 소개하면 다음과 같다.

위기가 없을 때 위기상황을 대비한다

우리 사회는 일반적으로 위기관리 대책을 경시하는 경향이 강하다. 사람들은 흔히 "우리 회사만은 절대로 사건에 말려드는 일이 없을 것이다"라고 생각하거나 "우리 회사는 우수한 사원들을 많이 채용하고 있기 때문에 사고가 발생해도 충분히 대응할 수 있다"고 생각한다.

또 어떤 사람들은 "여러 가지 상황에서 사고가 발생할 수 있기 때문에 그 모든 상황에 대응할 수 있는 대책은 세우려 해도 세울 수 없다"고 말하거나, "위기관리를 미리 걱정할 필요 없다. 돈만 지불하면 언제든지 전문가를 고용해서 해결할 수 있다"고 말하거나, "경영진이 정신만 바짝 차리고 있으면 사고가 발생한 후라도 대책은 늦지 않다"고 말하기도 한다.

그러나 실제로 비상사태가 발생하면 다음 세 가지 상황인 경우가 많다.

첫째, 최고 지위자가 위기 상황을 통제할 능력이 없다.
둘째, 위기 상황을 전체적으로 파악하지 못한다.
셋째, 설사 최고 지위자에게 지휘 능력이 있다 하더라도 비상 상황이라는 긴장감 때문에 적절한 결단을 내리지 못한다.

이는 정부를 포함한 대부분의 조직에서 비상시에 나타나는 현실이다. 대부분의 비상사태에서 인간의 능력은 충분히 발휘되지 못한다. 사고에 과잉 반응을 보이는 자가 있는가 하면 충격으로 전신 마비를 일으키는 자도 있다. 소수의 사람들이 냉정하게 대처한다 해도 전체적으로는 능력을 발휘할 수 없는 경우가 많은 것이다.

따라서 비상사태 발생에 대비하여 종합적으로 포괄적으로 사전 대책을 철저하게 세워두는 것이 매우 중요하다. ICTS가 제공하는 사전 대책 서비스를 참고하여 구체적인 사전 대책 방안을 제시해본다면 다음과 같다.

첫째, 일어날 수 있는 위험을 철저히 예측하고 분석한다.

둘째, 현재의 인원·자료·위치·교통·운수·창고·비축 등을 정확히 파악한다.

셋째, 대체 시스템을 점검한다.

넷째, 긴급 사태를 대비한 조기 회복 시스템을 고안한다.

다섯째, 긴급 상황에서의 비용을 분석하고 예측해본다.

여섯째, 위기관리 매뉴얼을 작성한다.

일곱째, 교육 훈련을 실시한다.

여덟째, 수시로 위기 대응 시스템을 개선한다.

실수에 의한 과오도 책임진다

『성경』에서는 인간이 과오를 범하기 쉬운 존재라고 한다. 『성경』의 그와 같은 인간관은 아담과 이브, 카인과 아벨을 거쳐 지금까지 이어져오고 있다.

인간은 과오를 범하기 쉬운 존재라고 보고 있기 때문에 『성경』에서는 과오에 대한 가지각색의 해결 방법을 제시하고 있다. 특히 『모세 5경』의 「레위기」 4장은 이러한 내용에 많은 지면을 할애하고 있다. 여기에는 대제사(大祭司)를 비롯하여 국가 원수나 서민에 이르기까지 그들이 범할 수 있는 갖가지 과오와 그 과오의 청산 방법에 대한 내용이 상세하게 기록되어 있다.

'수장이 실수로, 주 그의 하나님이 하지 말라고 명령한 것을 하나라도 하여 죄를 짓고 죄인이 되었으면, 자기가 저지른 죄를 깨닫는 대로, 흠 없는 숫염소 한 마리를 예물로 끌고 와서……' …「레위기」4·22~23

위의 말은 아무리 민중의 지도자라 할지라도, 또 그의 과오가 고의에 의한 것이 아닌 실수에 의한 것이라 할지라도, 나아가 그가 저지른 죄에 대해 뉘우쳤다 할지라도, 반드시 자신이 지은 죄에 대해서는 책임을 져야 한다는 말이다. 종교계의 정점에 있는 대제사이든 정치계의 정점에서 서 있는 국가 원수이든 인간이기 때문에 과오를 범할 수 있다. 그러나 그 지위고하를 막론하고, 그리고 과오의 의도 여부를 막론하고 과오는 과오인 것이며, 반드시 과오에 따른 책임을 져야 하는 것이다.

『성경』에서는 단지 지도자의 최종적인 과실에 대해서만 책임을 지우고 있지만, 『탈무드』에서는 과실이 발생한 시점, 즉 재직 전인지 재직 중이지 또는 재직 후인지에 따라서 지도자의 속죄 방법이 다르다는 것까지 언급하고 있다. 설령 의도적이지 않았다 할지라도 민중을 다스리는 최고 지위에 있는 자는 재직 중에 범한 과실에 대해 속죄의 증표로서 가장 비싼 황소나 숫염소를 바쳐야 했다. 황소나 숫염소는 당시 일반인들이 연간 벌어들이는 수입의 30~50%에 상당하는 가치를 가지고 있었다.

특히 대제사는 이임 후의 과실이라도 엄히 다루었다. 종교상의 최고 지위에까지 오른 이상 인생의 마지막 순간까지 성직자로서의 책임을 다하라고 『탈무드』는 요구했던 것이다.

앞에서 인용해놓은 '기름부음을 받은 제사(祭司)'라는 말은 기름부음을 받고 제사로 임명되었다는 것을 의미한다. 이는 대제사의 서임식에서 머리에 기름을 부었던 것으로부터 유래한 것이다. 이후 고대 이스라엘에서는 왕위에 오를 때 반드시 머리에 기름을 붓는 의식을 행했다.

좀 더 설명을 덧붙이자면 히브리어 'Mashach(기름을 붓다, 기름을 바르다)'의 명사형 'Madiah'는 '기름부음을 받은 자', 즉 '특별히 선택된 자' 또는 '특별히 뽑힌 자'를 뜻한다. 유대 민족의 통치자를 일컬어 '메시야(Masiah)'라고 부르게 된 것과 기독교에서 구세주를 '메시아(messiah)'라고 부르게 된 것은 여기에서 유래되었다. 또 '그리스도(Christ)'란 말은 히브리어의 메시야를 그리스어로 번역한 'Christos'에서 온 말이다.

화병을 깨버린 이유

어느 나라의 왕이 아름답게 세공된 도자기와 유리 화병을 선물로 받게 되었다. 그 두 가지는 섬세하고 우아하기 이를 데 없어 볼수록 마음에 드는 물건이었다. 선물에 만족한

왕은 그것을 선사한 사람에게 많은 하사품을 내렸다.

선물을 바친 사람이 돌아가고 얼마 지나지 않아, 왕은 갑자기 도자기와 화병을 들어서는 바닥에다 집어던지는 것이었다.

아름답기 이를 데 없었던 그것들은 바닥에 부딪쳐 산산조각이 나버렸다.

그 자리에 있던 신하들은 갑작스런 왕의 태도에 놀라 그 이유를 물었다.

"나는 가끔 성질이 몹시 격해지는 수가 있소. 이 화병이 아름답기는 하지만 깨지기 쉬운 물건이오. 어쩌다 만일 시종 중 누구 하나가 잘못하여 이 화병을 깨는 일이 생길지도 모르오. 그럴 경우 어떻게 되겠소? 보나마나 화가 나서 그 시종을 잡아 죽이라고 명령을 내리겠지. 그까짓 화병 하나 때문에 충직한 시종을 죽이고 마는 그런 일이 일어날 바에는 차라리 지금 내 손으로 그것을 깨버리는 것이 낫지 않겠소?"

··· 탈무드 실천법 17

물건뿐만 아니라 서비스까지 책임진다

어떤 사람이 소를 빌렸다. 그런데 빌려준 자가 자신의 아들이나
자신의 하인 또는 자신의 대리인에게 소를 끌고 가게 했다. 또는 빌려준
자가 빌린 자의 아들이나 빌린 자의 하인, 또는 빌린 자의 대리인에게
소를 끌고 가게 했다. 그런데 소가 도중에 죽었다.
이때 빌린 자에게는 책임이 없다.
그러나 만약 빌리는 자가 "내 아들이나 하인 대리인, 혹은 당신의
아들이나 하인 대리인을 시켜서 소를 내게 보내주시오"라고 말하고,
빌려주는 자가 "그럼, 내 아들이나 하인 대리인, 또는 당신의 아들이나
하인 대리인을 시켜서 소를 당신에게 보내겠소"라고 말한 다음,
다시 빌리는 자가 "그렇게 해서 소를 내게 보내주시오"라는
말을 덧붙였다면, 소의 인도 과정에서 소가 죽었을 경우, 그 책임은
빌린 자에게 있다. 소를 빌린 자가 빌려준 자에게 소를 되돌려줄
경우에도 이와 마찬가지다.
미쉬나 「바바 메치아」 편, 3·8

인도하는 물건은 끝까지 책임져라

『탈무드』가 기록되던 시대는 종이가 귀했다. 이 때문에 최대한 간결한 문장으로 많은 의미를 표현하고자 했다. 따라서 『성경』이나 『탈무드』를 포함한 고전을 읽을 때는 어떤 문장이 무엇을 의미하는 것인지 명확하게 포착해내는 능력이 요구된다.

앞에 인용한 내용은 대리자의 행위에 대한 사업주의 책임을 논하고 있는 부분으로 쉽게 풀이하자면 다음과 같다.

"A가 소를 빌렸다. 소를 빌려준 B는 B 자신의 의사로, 또는 일방적으로 자신의 아들, 또는 자신의 하인이나 대리인, 혹은 빌린 A의 아들 또는 A의 하인이나 대리인에게 A가 있는 곳까지 소를 끌고 가게 했다. 그런데 데려가는 도중에 소가 죽었다. 이 경우 빌린 A에게는 아무런 책임이 없다."

소가 빌린 사람에게 인도되기 위해 길을 가던 중에 사고로 죽었을 경우의 책임 소재를 따지고 있는 것이다. 원래는 소를 빌려준 사람이 직접 자신의 손으로 빌린 사람에게 소를 건네주는 것이 원칙이다. 더 나아가 파는 사람은 구매자의 손에 물건을 안전하게 넘길 의무가 있다. 따라서 소의 인도 방법에 대해 A의 동의가 없는 상황에서 운송 도중에 소가 죽었을 경우 관리 책임은 전적으로 빌려준 사람 B에게 있다.

빌려준 B의 아들이 소를 끌고 갔다면 두말할 나위 없이 B의 책임이다. 또 B의 하인은 B의 명령대로 움직이기 때문에 하인이 일으킨 사고 역시 빌려준 B의 책임이다.

그렇다면 빌려준 B의 대리인이 소를 끌고 간 경우는 어떻게 되는가? B와 B의 대리인이 사전에 소의 관리 방법이나 대행 업무에 대해 계약한 사실이 있다면 문제는 간단하지만, 설사 두 사람 사이에 아무런 계약이 없었다 하더라도 그것은 양자 사이에서 해결해야 할 문제다. 따라서 이 경우도 빌린 A에게는 책임이 없다.

그렇다면 소를 빌린 A의 아들이나 하인, 또는 A의 대리인이 소를 끌고 갔을 경우는 어떻게 되는가? 빌려준 사람이 빌린 사람의 아들이나 고용인에게 직접 부탁하여 소를 끌고 가게 했다. 그들은 어디까지나 빌린 A의 대리인이다. 따라서 그들이 소를 데려가는 도중에 갑자기 일어난 사고는 A가 책임져야 하는 것이 아닐까?

그 의문에 대하여 『탈무드』는 소를 누가 끌고 가든 빌려준 B 자신이 소를 끌고 갈 사람을 직접 선택했기 때문에, 빌린 A에게 소를 안전하게 넘겨주기 전에 일어난 사고 책임은 모두 빌려준 B에게 있다고 규정한다.

빌린 A가 소의 인도에 대한 책임을 져야 하는 경우는 인도 방법에 대해 A가 먼저 B에게 제안을 하고, 또 빌린 A가 "그렇게 해서 소를 내게 보내주시오"라고 자신의 의사를 재차 밝혔을 때다. 또는 빌려준 B가 소의 인도 방법을 제안하고 그에 대해 빌린 A가 동의한 후에 "그 방법으로 소를 보내주시오"라고 말하며 자신이 동의한다는 것을 재차 밝혔을 때다. 그 경우 빌린 A의 권리 대행자 중에서 누가 소를 끌고 가든 인도 과정에서 발생한 모든 사고에 대해서는 빌린 A가 책임져야 한다.

대리 책임에 대한 『탈무드』의 규정 중에서 가장 흥미진진한 것은 소의 인도 과정에서 발생한 모든 책임을 빌린 사람에게 지우려한다면 빌린 사람의 동의를 얻고, 더불어 그의 의사를 재확인해야 한다는 내용이다. 빌린 사람이 선의로 스스로 역무를 제공하겠다고 제안을 해도 그 제안에 대해 책임을 지게 하려면 빌려준 측에서 그의 의사를 재확인할 의무가 있다. 그 까닭은 선의의 역무 제공자에게 필요 이상의 책임을 지워서는 안 되기 때문이다. 이렇듯 『탈무드』는 비즈니스를 행함에 있어서 지켜야 할 도덕에 관한 지침을 직·간접적으로 제시하고 있다.

대차 계약은 A와 B 양자 사이에 성립하는 계약이기 때문에 상대의 신원 확인도 중요하다. 그런데 만약 빌린 A가 빌려준 B와 대면하지도 않고 B의 하인이나 대리인에게 계약한 후 사고가 발생했다면 B는 A에게 계약 무효를 주장할 수 있을까? 이 경우 또한 B는 자신의 하인이나 대리인의 대리 자격과 관련하여 그 정당성에 대해 이의를 제기할 수 있지만, A가 자발적으로 인도 수단에 동의하고 재확인하지 않는 한 A에게는 책임은 없다. 설사 B의 하인이나 대리인이 B의 지시 없이 일방적으로 한 계약이라고 할지라도 B에게 감독 책임이 있는 한 그 책임은 B에게 있다.

마지막으로 "소를 빌려준 자에게 되돌려줄 경우에도 마찬가지다"라고 하는 구절은 어떻게 해석해야 할까? 이 구절은 빌린 사람에게 소의 관할권이 있기 때문에 빌린 사람이 책임지고 소를 안

전하게 주인에게 돌려줘야 한다는 뜻이다. 따라서 소를 돌려주는 과정에서 일어난 사고는 모두 빌린 자가 책임져야 한다.

다만 소를 돌려주는 방법에 대하여 빌려준 사람이 동의하고 자신의 의사를 재차 밝혔을 경우, 돌려주는 과정에서 발생한 사고 책임은 전적으로 빌려준 사람이 져야 한다. 국제적인 물류 업무를 담당하고 있는 사람들에게 이 사고방식은 많은 참고가 될 것이다. 이를 간단하게 도식화하면 아래와 같다.

반송 수단 승인 → 재물의 관할권 이전 → 반송 도중의 책임 이전

서비스까지 제공자의 책임이다

앞에서 제시한 『탈무드』의 논리에서 우리는 또 하나의 교훈을 배우게 된다. 경영자나 리더는 고객에게 제공하는 서비스의 모든 내용을 철저히 파악하고 있어야 한다는 것이다. 이는 제조물 책임과 관련된 것으로 제품 및 서비스를 제공하는 측이 책임을 완수하지 못했을 때 거기서 비롯되는 손해에 대해 배상할 책임이 있다는 것이다.

따라서 고객에게 역무를 요구할 경우에는 반드시 고객의 양해와 적어도 두 번 이상의 의사 확인이 필수적이다. 그래야만 비로소 서비스 제공자는 책임을 면할 수 있다. 오늘날 컴퓨터, 소프트

웨어 등을 비롯해 사용자의 책임에 대한 상세한 조항을 명시하고 있는 제품이 늘고 있는 것은 유대적 책임 발상과 깊은 관련을 맺고 있는 것으로 보인다.

죄 없는 사람은 없다

인류가 시작되었을 때에 아직 인간은 죄를 범하지 않았기 때문에 그는 완전했다. 그러다 세계의 끝이 오면 구세주가 찾아와 사람들은 다시 완전함을 되찾는다. 그러나 그때까지 당신이 완전할 수는 없으며 또 당신의 이웃 사람이 완전해지는 일도 없다. 그러나 완전하지 않다고 해서 자신을 잃어서는 안 되고 이웃 사람이 완전하지 않다고 하여 멸시해서도 안 된다.

··· 탈무드 실천법 18

죄를 졌다면 죗값을 치러야 한다

인간은 항상 예측할 수 없는 위험한 존재다. 그가 범하는 위해(危害)는
과실에 의한 것일 수도 있고 고의에 의한 것일 수도 있으며,
깨어 있는 상태에서 일어날 수도 있고 수면 상태에서 일어날 수도 있다.
만약 이웃 사람의 눈을 실명하게 만들거나 오체를 다치게 하면
전액 배상해야 한다.
미쉬나 「바바 캄마」편, 2·6

민족 윤리와 개인 윤리

일반적으로 『성경』을 '사랑의 종교에 관한 책'이라고 부르고 있지만 『구약성경』과 『신약성경』에서 말하는 사랑의 모습은 상당히 다르다. 『구약성경』은 유대교의 성전이며 '유대 민족 전체'에 베푸는 하나님의 사랑이 주제다.

그에 반해 『신약성경』은 기독교의 성전이며 '개인'에게 베푸는 하나님의 사랑이 주제다. 또 『구약성경』에는 인간과 하나님의 생생한 대화 장면이 수없이 묘사되어 있지만, 『신약성경』에는 인간과 하나님의 대화에 대한 기록이 대단히 적으며 주로 하나님에 대한 개인의 의무가 강조되어 있다. 이것은 『신약성경』까지도 포함한 당시의 유대교, 즉 로마 시대의 유대교가 직면해 있던 시대의식이 역사에 대한 '민족 전체의 책임'보다는 '개인의 책임'을 문제시하기 시작했다는 것을 의미한다. 개인이 역사와 하나님에 대해 스스로 책임지게 된 것이다.

물론 민족에 대해서도 각 개인이 책임져야 한다. 민족 전체의 문제 또한 따지고 보면 개인이 어떻게 행동하느냐에 달려 있기 때문이다. 이러한 개인의식을 이어받은 것이 기독교다. 그러므로 기독교에서 말하는 '회개하다'라는 말은 민족 윤리가 아니라 어디까지나 개인의 내면적 윤리다.

기독교가 로마 제국 전체로 확산된 것도 실은 종교가 개인의 문제라는 것을 명확하게 지적했기 때문이다. 유대교에서 기독교로 갈라진 현상을 종교학자들은 민족 종교에서 세계 종교로의 발전이라고 해석한다. 그러나 이것은 엄밀히 말해 민족 구제에서 개인 구제로의 전환이라고 할 수 있을 것이다.

우리는 개인의 책임이나 개인의 구제라고 하는 것을 지극히 서구적이면서도 근대적인 주제로 생각한다. 그러나 그것은 로마 시대 기독교가 탄생했을 때 유대교에서 계승된 문제의식이라 할 수 있다

사람은 과오를 범하는 존재다

'개인'이라는 개념에 대한 유대교의 기본적 견해는 "사람은 과오를 범하는 존재"라는 것이다. 즉 사람은 과오를 범하기 '쉬운' 존재라는 뜻이다. 완전무결하고 실수하지 않는 인간은 이 세상 어디에도 존재하지 않는다. 최초의 인간 아담 이래 과오는 인간의 본성인 것이다. 인간에 대한 유대교의 이러한 견해 때문에 '유대교는 성악설'이라고 단정 지어서는 안 된다. 유대교는 '과오'를 곧바로 '악함'과 관련짓는 것도 아니고, 그렇다고 인간성 그 자체가 본래 무색투명하기 때문에 악에도 쉽게 물들고 선으로 다시 물들 수 있는 것이라고 생각하는 것 또한 아니다.

중요한 것은 유대교가 "사람은 과오를 범하기 쉬운 존재"라고 규정함으로써 사람이 과오를 범할 경우 어떻게 책임질 것인가 하

는 문제를 제기하고 있다는 것이다. 그런 의미에서 유대교는 성악설도 성선설도 아닌 '위기 대책설'이라 할 수 있다.

위기 대책의 사고방식은 자기 책임에 대한 자각에서 나오는 것이다. 과오를 범할 경우 어떤 방법을 활용하여 최소한의 노력과 비용으로 사태를 해결할 것인가 사전에 준비하는 것이다. 그러한 사상에 바탕을 둔 것이 바로 "인간은 항상 예측할 수 없는 위험한 존재"라는 인식인 것이다.

동물은 아무리 위험하다고 해도 본능의 범위 내에서 행동하기 때문에 그 습성을 숙지하고 있는 한 사람은 동물로부터 결코 피해를 입지 않는다. 그와 대조적으로 인간이 일으키는 사고는 예측을 뛰어넘는 경우가 많다. 고의로 과오를 범하는 경우가 있는가 하면 의도하지 않았는데 과오를 범하기도 한다.

따라서 인간이란 뜻밖의 과오나 사고를 일으킬 가능성이 항상 내재되어 있는 위험한 존재임을 인식해야 한다. 그러한 인간관을 토대로 할 때에만 개인의 책임에 대한 해결 방법을 명확히 제시할 수 있기 때문이다.

지은 죄에 대해서는 반드시 죗값을 치러야 한다

'눈에는 눈, 이에는 이', 이 말은 성경에 나오는 말이다. 이 말은 인류 최고(最古)의 성문 법전인 『함무라비』 법전으로 거슬러 올라가는 말이다. 이슬람교도 이 법의 전통을 계승하고 있다.

그러나 '눈에는 눈, 이에는 이'를 실행할 경우 복수가 복수를 낳고, 증오와 적의가 만연하게 되어 피바다를 이루게 된다. 그래서 유대인들은 '눈에는 눈, 이에는 이'의 정신 대신 '손해에 상응한 배상금을 지불한다'는 것으로 문제를 해결하고자 했다.

일단 배상금을 지불하면 죄는 없어진다. 죄를 진 사람은 다시 옛날로 돌아가고 아무도 그를 미워하거나 증오하지 않는다. 배상하기만 하면 죄는 깨끗이 없어지는 것이다. 이것이 유대의 전통이다.

"만약 이웃 사람의 눈을 실명하게 만들거나 오체를 다치게 하면 전액 배상해야 한다"는 것이 유대교의 기본 원칙이다. 금전으로 배상할 수 없는 경우에는 감옥살이나 노동 등의 방법으로 어떻게든 그 죗값을 치러야 한다. 이렇듯 지은 죄에 대해서는 반드시 그 죗값을 치러야 한다는 것이 유대인의 기본 정신이다.

유대인들 사이에서는 재직 중에 범한 과실의 책임을 사직함으로써 면할 수 있다고 생각하는 자는 아무도 없다. 나치 시대에 잔학한 행위를 범한 전쟁 범죄자들을 50여 년이 흐른 지금에 와서도 찾아내어 고발하는 배경에는 이러한 사고방식이 확고하기 때문이다. 독일과 프랑스 등에서 나치 범죄에 가담한 용의자를 체포하여 그들을 법정에 세우는 것도 그들 나라가 유대 사상의 전통을 이어받은 기독교 사회이기 때문이다.

우물에 침 뱉는 자는 언젠가 그 물을 마시게 된다

언젠가 랍비가 마을을 걷고 있으려니 자기네 정원의
돌멩이를 길거리에 내다버리는 사람이 있었다.
그래서 랍비는 물었다.
"어째서 당신은 돌멩이를 거리에 내다버리는 거요?"
그러나 그 사람은 웃기만 하고 아무 대답도 하지 않았다.
20년이 지나서 그 사람은 자기 땅을 팔게 되었고,
그 후 다른 동네로 가려고 걸음을 내딛는 순간,
자기가 20년 전 내다버린 돌부리에 채여 넘어지고 말았다.

머리맡에 두고 읽는 탈무드 지혜 3
미국 증시의 깨끗한 손, 아서 레빗

　미국 증시 시장이 활발하게 움직이던 1993년 7월, 미 증권거래 위원회(SEC, 우리나라의 증권감독원에 해당) 의장에 임명된 아서 레빗은 눈부신 활약을 벌였다.

　그는 오펜하이머 인더스트리스(Oppenheimer Industries), 리먼 브라더스(Lehman Brothers) 등 쟁쟁한 증권투자회사에서 오랫동안 실력을 갈고닦은 뒤 클린턴에 의해 SEC 의장에 임명되었다. 물론 그가 1992년 대통령 선거 당시 뉴욕의 민주당 지원 만찬회 운영 책임자였으며, 민주당 선거 자금 모금 운동에 적극적으로 협력했다는 점 또한 클린턴에 의해 주목받게 된 이유에 포함되어야 할 것이다.

그러나 클린턴이 아서 레빗을 경제팀의 핵심 인물로 발탁한 진짜 이유는 그가 증권업계 출신의 실력 있는 사람이었고, 증권업계의 관행처럼 되어버린 내부자 거래(Insider Trading, 어느 기업의 내부에 있는 사람이 자신의 특권으로 얻은 정보를 바탕으로 주식 거래를 하는 것. 내부자 거래는 일반 거래자에게 손해를 주고 주가에 영향을 주는 행위로 불법이다)는 증권업계 출신의 실력가만이 근절시킬 수 있었기 때문이다. 그는 SEC 의장에 취임하자마자 자신의 사명은 개인 투자자가 안심하고 투자할 수 있는 환경을 조성하는 것이라고 선언했다. 그리고 그 사명을 향해 다음과 같은 방법으로 전력 질주했다.

무엇보다 그는 개인 투자자들의 권익 보호에 앞장섰다. 그는 미국 전역에서 월가 관계자들 및 각 지역의 당국자들과 함께 투자자 포럼을 공동으로 개최했으며 그 자신 또한 적극적으로 일반 투자자들의 상담에 응했다. 그는 그 자리에서 특히 초보 투자자들에 대한 이해와 공감을 표명했으며 그들의 질문에 정중한 자세로 알기 쉽게 답변했다.

또 그는 기업이 주주 앞으로 발행하는 결산 보고에 최대한 쉬운 표현을 사용하도록 지시했으며, 증권업계 관계자들이 중앙 및 지방의 최고위 인사들에게 바치는 거액의 선거 자금을 엄격히 금지시켜 부패와 타락을 미연에 방지했다.

이외에도 '경영진에 대한 주주 대표 소송권의 제한(증권의 부정거래에 대해서만 주주 소송 인정)', 'SEC가 실시해온 모든 규제의 4분의 1 폐지 또는 완화', '증권회사 측의 자율적 규제 유도', '투자회사

및 투자신탁회사에 대한 규제 완화 및 자유 경쟁 유도' 등의 조처로 주식 시장의 건전성을 유도했다.

내부자 거래에 대한 아서 레빗의 조치는 특별히 주목을 요한다. 그는 약자의 입장에 있는 개인 투자자들을 보호하기 위해 그동안 월가의 관행으로 굳어 있던 '선별적 정보 공개'를 금지시키고, 기업들이 모든 투자자에게 동시에 정보를 공개하도록 못 박았다. 즉 시장에 영향을 미치는 기업의 민감한 자료가 분석가는 물론 일반인에게도 동시에 공개되도록 조치했던 것이다.

이와 같은 규제 완화에 힘입어 급속도로 성장한 것이 인터넷상에서 거래되는 나스닥(NASDAQ)이다. 나스닥은 미국 증권업협회(NASD) 직할 증권거래소로서 주로 소액 자본의 기업을 대상으로 하여 대대적인 상장 유치 경쟁을 벌이고 있는 곳이다. 하이테크 관련 벤처기업의 주식 상장은 오로지 나스닥에서 이루어지며, 미국이 '벤처기업의 천국'이라고 불리게 된 배경에는 뉴욕증권거래소와 맞먹는 규모의 나스닥이라는 벤처 전문 주식 시장이 있었기 때문이다.

그러나 나스닥에서의 거래는 인터넷상에서 이루어지기 때문에 거래 내용이 불투명한 점도 많았고 일반 투자자들이 투기 매매에 말려드는 사건도 적지 않았다. 그래서 SEC는 내부자 거래를 포함한 모든 부정 거래를 적발하기 위한 소프트웨어를 개발하여 미심쩍은 거래가 모두 컴퓨터에서 자동으로 포착되도록 했다.

SEC 의장으로서 최장수 기록(약 8년)을 세운 아서 레빗은 그동안 특히 개인 투자자들의 권리 옹호를 위한 정책을 펼침으로써 증권 거래에 대한 국민의 신뢰를 회복시켰다. 그는 기업에는 공포의 대상이었지만 개인 투자자들에게는 찬사의 대상이었으며 '영웅'으로 통했다. 또 회계법인과 기업들의 유착을 막기 위해 발 벗고 나섬으로써 미국 증시의 '깨끗한 손'으로 평가받기도 했다.

국민의 권익 지향을 제일로 하는 공평하고 명확한 정책과 실행, 이것이 아서 레빗의 성공 전략이다. 유대인 사회의 명문 출신인 그의 명성은 오로지 그의 공평함과 끊임없는 헌신적 노력에 바탕하고 있다.

유대인의 비즈니스 철학

열쇠는 정직한 사람을 위해서만 존재한다.

상인이 해서는 안 되는 일.

첫째, 과대 선전. 둘째, 값을 올리기 위해 매점매석하는 것.

셋째, 저울의 눈금을 속이는 것.

가격과 품질이 일치해야 한다는 것을 잊어서는 안 된다.

이것은 수요와 공급법칙보다 훨씬 중요한 비즈니스의 기본이다.

푼돈을 소중히 하고 계산을 틀리지 않는 자는

큰돈에 대해서도 신뢰할 수 있다.

자신이 파는 상품에 결함이 있으면 손님에게 설명해야 한다.

이웃에게 땅을 팔거나 이웃으로부터 땅을 살 때는

서로 손해가 되지 않도록 하라.

젊은 사람부터 발언하게 하라.

진리 앞에 나이는 무의미하다.

시간을 갖고 있지 않은 사람은 없다.

사람은 과오를 범하는 존재다.

지은 죄에 대해서는 반드시 죗값을 치러야 한다.

현금은 가장 유능한 브로커다.

부끄러움은 배움의 적이다.

일관된 사람만이 성공한다.

계약 사항은 반드시 준수하라.

하나의 사물도 다양한 각도에서 파악하라.

우물에 침을 뱉는 사람은 언젠간은 그 물을 마시지 않으면 안 된다.

좋은 짓보다 나쁜 짓이 더 빨리 소문난다.

은혜를 베푸는 일은 너를 죽음에서 구할 것이다.

숫자에 익숙하고 철저해지는 것이

유대 상술의 기초이며 돈벌이의 기본이다.

만약 돈을 벌고 싶다면 언제나 생활 속에 숫자를 끌어들여

친숙해지는 습관을 체득하라.

룰을 지키지 않는 자와는 손잡지 마라.

사람은 자기 고장에서는 소문으로 평가받고,

다른 지역에서는 옷으로 평가받는다.

돈을 원하는 자에게는 돈을, 술을 원하는 자에게는 술을,

음식을 원하는 자에게는 음식을 갖다 줘라.

시간을 훔치지 마라.

시간은 모든 것을 변화시킨다.

표정은 '최악의 밀고자'.

입보다 귀를 높은 위치에 두어라.

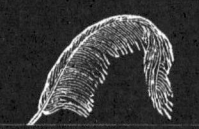

...

유태인의 속담에 '계약은 계약이다'라는 말이 있다. 이는 어떠한 일이 있더라도 한 번 계약한 것은 지켜야 한다는 의미다. 그래서 애초에 손해가 예상된 계약을 맺었다면 손해가 나더라도 계약을 이행해야 한다. 그렇지 않으면 그는 신용을 잃고 추락할 수밖에 없다. 유태인의 비즈니스는 흥정과 함께 시작된다 해도 과언이 아니다. 유태인의 협상과 흥정의 본질은 '속이지 않고 속지 않는다'라는 말로 요약된다. 이런 유태인과 거래를 한 사람들은 이구동성으로 그들의 치밀하고 냉혹한 협상에 고개를 절래 흔든다. 감정에 휩쓸리지 않은 냉정한 자세로 협상을 이끌어낸 그들에게 애매모호함이란 있을 수 없다. 거래 당사자 간에 발생할 수 있는 모든 책임과 의무를 규정함으로써 확실한 서로의 이익을 담보해낸다. 유태인에게 이런 협상에 의해 맺어진 계약서는 '신뢰를 위한 보증서'이다.

제 4 장

치밀한 계약이 이익을 보장한다

··· 탈무드 실천법 19

도장을 찍기 전에
책임자를 분명히 한다

반드시 지켜야 할 것에 대해서 나는 책임을 진다.
내가 지켜야 할 것과 관련하여 손해가 발생한다면
나는 그 손해를 배상한다.
내가 손해의 일부를 배상해야 하는 것에 대해서도
나는 그 배상액의 전부를 배상할 만큼의 지불 책임을 진다.

미쉬나 「바바 캄마」 편, 1·2

리더 자신의 책임으로 협상을 이끌어라

어떤 집단에서 일반적으로 이루어지는 협상의 과정은 다음과 같다. 일단 담당자가 기획하여 협상 상대자와 세부적인 협의를 거친 후 최종적으로 리더에게 제출한다. 리더는 대부분 제출안에 사인만 하면 된다. 만약 그 제출안에 흠이 있을 경우 리더의 판단에 따라 결정이 내려진다. 그런데 이 경우에 내려진 리더의 결정은 그동안에 있었던 협상의 성과가 완전히 무시되고 협상 상대자의 의향에 따라 결정되는 경우가 많다.

유대의 협상 방식은 다르다. 리더끼리 직접 만나서 먼저 합의를 이끌어낸 다음 사무적인 협상의 세부 사항만을 아랫사람에게 위임한다. 그리고 협상의 모든 과정에서 유대인들은 자신의 이익을 최우선으로 두고 판단한다. 이는 언뜻 보기에 이기적인 협상처럼 보이지만 상대방도 자신의 이익을 먼저 고려하여 판단하기 때문에 지극히 당연한 것이다. 따라서 양보 또한 반드시 상대방이 양보한 만큼만 한다.

또 협상의 방향이나 타협점, 나중에 문제가 될 만한 사항과 관련해서는 협상 도중에라도 리더끼리 만나 직접 서로 확인한다. 이는 다시 말해 리더가 자신의 책임으로 협상을 직접 이끌어간다는 것을 뜻한다. 이것이 바로 유대식 협상 방법이다.

유대식 협상 방법을 펼친 전형적인 인물로 헨리 키신저를 들 수 있다. 키신저는 독일 출생의 유대인으로 1938년 나치의 유대인 박해를 피해 미국으로 이주한 인물이다. 1943년 미국 국적을 얻은 그는 뉴욕의 시티대학에서 회계학을 공부한 뒤 1954년 하버드대학교에서 박사학위를 받았다.

헨리 키신저가 성사시킨 대표적인 협상으로는 미·중 화해 협상이나 1973년부터 1974년에 걸친 중동 전쟁의 정전 협정을 들 수 있다. 그는 닉슨 정권의 국무장관으로서 직접 정책을 입안했고 미국의 진로를 결정했으며 스스로 협상의 모든 책임을 졌다. 키신저는 곧 닉슨 행정부에서 영향력 있는 인물로 부상했으며, 특히 중국·소련·베트남·중동 등지에서 외교적 성공을 거두었다. 그는 소련과 미국 간의 긴장 완화 정책을 추진하기도 했으며, 1969년에는 '전략무기 제한협정(SALT)'을 성사시키기도 했다. 또 그는 중국 공산당이 정권을 잡은 이래 중국에 대한 미국의 공식 접촉을 최초로 성사시켰으며, 그 개인의 신용만으로 이집트·시리아·요르단 등과의 외교 협상을 성사시키기도 했다.

그는 정책을 집행함에 있어서 닉슨의 지시에 따라 움직이지만은 않았다. 그는 스스로 미국의 국익을 위한 최선의 방법을 생각해 직접 닉슨 대통령에게 제안했다.

책임자가 분명한 협상에 상대방도 응답한다

유대식 협상의 기본을 단적으로 보여주고 있는 것이 『탈무드』의 『미쉬나』 6부 중에서 손해 및 배상을 논하고 있는 「바바 캄마」편이다.

여기에는 "반드시 지켜야 할 것에 대해서 나는 책임을 진다. 내가 지켜야 할 것과 관련하여 손해가 발생한다면 나는 그 손해를 배상한다"라고 1인칭으로 표기되어 있다. 이는 손해배상이든 매매 계약이든 모든 약속이라고 하는 것은 '나' 개인의 책임으로 해야 한다는 것이다.

계약, 약속, 협상에 있어서 직접 책임을 질 수 없는 제3자에 대한 언급은 무의미하다. 책임이라고 하는 것은 항상 '나' 자신 속에서만 발생한다. 따라서 '내'가 책임을 지고 '내'가 약속을 지키는 등 '나'의 입장에서 재확인하는 것이 유대식 협상의 기본 방침이다.

"내가 책임을 지겠습니다"라고 최초로 선언하는 인물이 있는 한 분쟁도 전쟁도 재판도 협상도 모두 해결의 가능성이 있다. 협상 당사자인 '나'가 명확할 경우 협상 상대방도 확실한 응답을 해줄 것이다. 설사 서로가 어려운 문제에 부딪쳐 제각기 자신에게만 유리한 방향으로 유도하려는 상황이라도 상대방을 잘 알고 있으면 신뢰를 바탕으로 책임 있는 합의 사항을 이끌어낼 수 있다.

합의한 사항은 반드시 쌍방이 서명하라

배상이든 계약이든 일반적인 협상이든, 모든 협상에는 당연히 협상 당사자들 간에 의견의 불일치가 있기 마련이며, 이는 쌍방의 가치관이나 기준이 다르기 때문이다. 따라서 서로 다른 입장에서 같은 자리에 앉아 해결점을 찾기 위해서는 처음부터 "나는 반드시 지킬 것은 지키겠다. 내가 그 책임을 지겠다"라고 서로 맹세하는 것이 필요하다.

『탈무드』는 '반드시 지킬 것'을 강조하며 "내가 손해의 일부를 배상해야 하는 것에 대해서도 나는 그 배상액의 전부를 배상할 만큼의 지불 책임을 진다"라고 선서할 것을 명하고 있다. 예를 들어 물건이라면 부분 교체라는 것도 가능하지만 만약 가축이 뼈가 부러진 경우 건강한 가축으로 배상받지 못한다면 배상의 의미가 없어지기 때문이다.

따라서 변상이나 배상의 세부적인 내용을 심의하기 전에 예상되는 여러 사안에 대해 충분히 토론해야 한다. 원칙을 확립해두지 않을 경우 최종 판단을 내리기가 힘들기 때문이다.

요컨대 모든 협상에서 미리 쌍방이 알고 있어야 할 원칙이나 법률 등의 내용을 반드시 재확인하는 것이 중요하다는 말이다. 그렇게 해두면 협상 과정에서 문제가 발생할 경우 원칙으로 되돌아가 원칙에 맞는 사항부터 다시 정리하면 된다.

일반적인 협상이라면 적어도 쌍방이 합의한 사항에 대해서는 "내가 책임을 지겠다"고 사전에 서로 확답을 받아두는 것이 필요하다. 또 가능하면 그것을 계약서에 기입하여 쌍방이 서명해두는 것이 좋다. 나중에 계약 내용을 둘러싸고 분쟁이 일어나고 어느 한쪽이 피해를 입는 것은 이러한 원칙과 기본 절차가 무시되거나 경시되기 때문이다.

상인과 나그네

유난히 무더웠던 어느 날, 나그네가 상품을 먼 곳으로 나르기 위하여 나귀를 그의 마부와 함께 빌렸다. 뜨거운 햇빛 아래 넓은 모래사장을 끼고 걷다가 지친 나그네는 걸음을 멈추고 쉬자고 마부에게 말하였다. 그리고 태양의 직사를 피하기 위하여 나그네는 나귀의 그늘에 앉으려고 하였다. 그러자 맹렬한 말다툼이 일어났다. 당나귀 그늘에는 한 사람밖에 들어가지 못했기 때문이다. 힘이 센 마부는 그늘이 자기 것이라고 주장하면서 나그네를 난폭하게 옆으로 떠밀었다.

"당신이 당나귀를 빌릴 때는 나에게 그림자에 대해서는 아무 이야기도 없지 않았잖소. 그 그림자가 필요하다면 그림자 삯을 내시오."

그렇게 그림자 때문에 다투는 동안 그들은 짐을 잃어버렸다. 그동안에 나귀가 달아난 것이다. 다툼이 있는 곳에는 항상 화가 있다.

··· 탈무드 실천법 20

의무를 성실하게
이행한다

어떤 사람이 밭을 빌렸는데 그 밭의 잡초를 뽑지 않는다.
그리고 오히려 빌려준 사람에게 "당신이 상관할 바가 아니오. 어차피
난 당신에게 밭을 빌린 대가를 지불하고 있으니까 내 맘이오"라고 말했다.
빌려준 사람이 그의 말에 신경 쓸 필요는 없다. 왜냐하면 밭을 빌려준
사람은 빌린 사람에게 "내일 당장 내 밭을 내놓으시오. 그렇지 않으면
우리 밭에 잡초가 무성해지고 말 거요"라고 말할 수 있기 때문이다.

미쉬나 「바바 메치아」 편, 9·4

계약은 이치에 맞게 하고 주도면밀해야 한다

필자가 뉴욕에 살고 있을 때의 일이다. 살고 있던 집을 재계약할 때가 돌아오자 집주인은 "우편으로 계약서를 보냈으니 거기에 사인을 해서 다시 보내달라"고 필자에게 연락했다. 주의 깊게 읽어보니 집을 빌린 사람의 의무와 책임에 대해서는 이것저것 빽빽이 적혀 있었는데, 집주인의 의무와 책임에 대해서는 아무것도 기재되어 있지 않았다.

그래서 필자는 "집주인의 과실이나 관리 책임으로 인한 사고, 또는 아파트 붕괴의 경우 집을 빌린 사람은 그 책임을 지지 않으며, 집주인은 빌린 사람에게 그 피해를 변상하고 위자료를 지불한다"라고 적은 다음 서명하여 우편으로 보냈다. 며칠 후 집주인이 서명한 계약서 사본이 필자에게 우송되었다. 집주인은 필자가 기재한 조항에 동의한 것이다. 그 집주인은 유대인이었다.

계약자 쌍방이 성의 있게 계약을 준수하는 한 사고는 일어나지 않는다. 만약 사고가 일어나더라도 계약 조항에 준하여 합리적으로 해결하면 된다. 거기에는 사적인 감정이나 분노, 원망이 개입될 여지가 없다. 그렇게 되기 위해서는 계약 자체가 이치에 맞고 주도면밀해야 한다. 이치에 맞는다면 성의를 다해 충실하게 이행할 수 있고 서로 신뢰할 수 있다. 그것이 『탈무드』가 추구하는 계약이다.

계약이란 강요나 속박이 아닌 쌍방의 의무다

그런데 어느 한쪽이 일방적으로 이치에 어긋나는 행위를 행한 경우는 어떻게 되는가? 유대법은 피해를 입는 측이 계약 도중이라도 계약 파기를 요구할 수 있다고 규정한다. 설령 상대방이 강력하게 항의하더라도 피해를 입은 자는 "내일 당장 내 밭을 내놓으시오. 그렇지 않으면 우리 밭은 잡초가 무성해지고 말 거요"와 같은 말로 즉시 계약 취소를 요구할 수 있다.

왜냐하면 계약 당시에 결정한 지대는 그 밭의 지질을 평가하고 결정한 것이기 때문이다. 일단 밭을 빌리면 토지의 생산력을 유지해야 하는 책임은 밭 주인이 아니라 빌린 측에 있다.

만일 계약 기한이 끝나서 밭 주인이 되돌려 받을 때 밭의 지질이 훼손되었다면, 밭 주인은 다음에 빌릴 사람에게 이전보다 싼값에 밭을 빌려줄 수밖에 없다. 토지는 소모품이 아니다. 따라서 토지는 단순 재생산 또는 확대 재생산을 할 수 있는 상태로 유지되지 않으면 안 된다. 그 점에서 볼 때 빌린 사람에게는 성실하게 밭을 관리할 의무가 있는 것이다. 유대법은 무책임한 행동을 결코 용납하지 않는다. 원상 유지는 어떠한 일이 있어도 빌린 사람의 의무이며 책임인 것이다.

『탈무드』는 한 걸음 더 나아가 빌려준 사람이 밭의 본래 지질을 더욱 개선하여 그 품질을 향상시킴으로써 밭의 평가액을 높이고자 할 때 빌린 사람이 적극 협력하도록 명한다. 반대로 빌린 사람이 밭을 성실하게 관리하지 않을 경우 최고액의 지대를 청구해도 좋다는 규정도 함께 마련해놓고 있다.

> 남의 밭을 빌린 후 그것을 방치하고 있는 경우 그 밭의 수확량을 최고액으로 평가한 금액을 빌려준 사람에게 지불해야 한다. 그 이유는 빌린 사람이 "만약 내가 밭을 방치해두고 경작하지 않는다면 최고액을 지불하겠습니다"라고 계약서에 적도록 의무화하고 있기 때문이다. … 미쉬나 「바바 메치아」편, 9·3

그 당시 지대는 빌려준 밭에서 수확한 작물로 바치도록 되어 있었다. 그러나 만약 경작하지 않고 밭을 방치하여 수확할 작물이 없을 경우는 어떻게 되는가? 그때는 그 밭에서 최고 품질의 작물이 수확되었음을 가정하고 그 최고 작물의 가치에 상당하는 현금으로 지대를 지불해야 한다. 나아가 빌린 자가 경작은 하지만 잡초를 뽑지 않는 등 관리 의무를 게을리할 경우 밭 주인은 빌린 자에게 즉시 계약 취소를 요구해도 좋다.

일반적으로 계약을 강자가 약자에게 강요하는 것으로 생각하는 사람들이 많다. 그러나 계약은 강요도 아니며 속박도 아니다. 계약이기 때문에 더욱 성의를 다해 이행해야 한다는 것이 유대적 사고방식이다. 이는 계약자 쌍방에게 요구되는 의무이며 결코 어느 한쪽에 특혜를 주는 것이 아니다.

신과의 계약

어느 날 신은 인간들이 신을 배신한 벌로 큰비를 내려 멸망시키기로 했다. 다만 노아와 그 가족만은 인간의 선조로 살려두기로 했다. 노아는 거대한 방주를 만들어 모든 짐승들을 한 쌍씩 태웠다.
장마가 40일간이나 계속되었고, 육지는 물에 잠겼으나 노아와 그 일족만은 살아남았다. 물이 빠진 뒤 노아는 제단을 쌓고 공물을 바쳐 신에게 감사를 드렸다.
야훼는 이것을 받아들여 이후 다시는 생물을 멸종시키는 일은 하지 않겠다고 약속했다. 그 계약의 표시로 신은 하늘과 땅 사이에 무지개를 걸었다.
"내가 구름 사이에 무지개를 둘 터이니,
이것이 나와 땅 사이에 세워진 계약의 표가 될 것이다."

··· 탈무드 실천법 21

사전에 책임 범위를 명확하게 규정한다

가축이 뭔가를 먹을 위험은 항상 예견할 수 있다. 왜냐하면 가축은 먹을 수 있는 것은 뭐든지 먹기 때문이다. 단 가축이 위험할 것이라고 확실하게 예견할 수 있는 경우는 과일이나 야채를 먹는 경우다. 따라서 가축이 옷이나 도구를 먹은 경우 가축 주인은 반액만 보상해도 좋다. 이상의 규정은 개인의 관할 구역에서 손해가 발생했을 경우에만 적용된다.

그러나 공공장소(예를 들어 시장)에서 그러한 일이 발생했을 때 가축 주인은 유죄가 아니다. 따라서 공공장소에서 가축이 무언가를 먹을 경우, 가축 주인은 가축이 먹은 상품의 가격만큼만 보상하면 된다. 즉 시장 헌기오데서 가축이 무언가를 먹은 경우 그 먹은 양만큼만 보상하면 된다. 그러나 시장 옆에서 가축이 상품을 먹은 경우 전체 상품에 대해 보상하지 않으면 안 된다. 또 가축이 가게 입구에서 상품을 먹은 경우 먹은 양만큼 보상하면 되지만, 가게 안의 상품을 먹은 경우 전체 상품에 대해 보상해야 한다.

미쉬나 「바바 캄마」 편. 2·2

사건의 상황을 여러 방향에서 분석하라

『구약성경』의 「창세기」에 나오는 바벨탑 이야기를 알고 있을 것이다. 그 옛날 메소포타미아의 바벨이라는 마을에서 사람들은 하늘까지 닿을 정도로 탑을 쌓아 올렸다. 하늘까지 닿을 탑을 쌓는 행위는 창조주 여호와의 눈에 자신을 불신하고 우상신을 숭배하는 인간들의 교만한 행위로 비쳤다. 그 때문에 여호와는 탑을 파괴해버렸을 뿐 아니라 사람들의 말을 혼란시켜 말이 통하지 않게 해버렸다고 한다. 바벨탑을 쌓기 전에 전 세계 사람들이 하나의 언어로 통했는데, 바벨탑 사건 이후 인류는 복잡해진 언어체계를 갖게 된 것이다.

바벨이라는 지명은 원래 앗시리아어의 '밥(Ba, 문) 일루(Ilu, 신)'를 축약한 말로 '신의 문'이라는 뜻이다. 히브리어 '바벨'은 '혼란'을 의미한다. 바벨탑은 마르두크(Marduk)신을 주신으로 섬기는 예배당이고, 바벨의 입구에는 거대한 문이 서 있었다고 전해진다. 「바바 캄마」편의 '바바' 또한 '문(門)'을 의미하며 「바바 캄마」는 '앞문'을 뜻한다.

「바바 캄마」편 2장 2절에서 말하는 가축이란 양, 염소, 당나귀 등일 것이다. 이러한 가축은 야채든 과일이든 닥치는 대로 먹는 습성이 있다. 이들 가축의 습성은 충분히 예견할 수 있는 것이기 때문에 가축 주인은 그 가축들이 남의 것을 먹지 않도록 관리할 책임과 의무가 있다. 따라서 가축이 남의 집이나 마당에 들어가 야채나 과일을 먹어 손해를 입힌 경우 가축 주인은 전액 보상할 의무가 있다.

그러나 가축이 인간의 옷이나 도구를 먹는 습성은 없다. 따라서 가축 주인의 부주의로 그러한 사고가 발생했더라도 이 경우는 충분히 사고를 예견할 수 있었을 것이라고 말할 수 없게 된다. 때문에 가축 주인의 책임이 절반으로 경감된다.

또 가축이 남의 야채나 과일을 먹었다고 하더라도 그 사건이 일어난 장소가 사람들의 통행이 많은 시장 한가운데 있는 가게일 경우 가축 주인의 책임이 대폭적으로 경감된다. 왜냐하면 시장과 같은 공공장소에서는 사람들이 지나다니다가 상품을 손상시킬 수도 있으며 밟을 수도 있고, 심한 경우 도둑질할 수도 있기 때문이다. 그러한 여러 가지 위험은 가게 주인 쪽에서도 충분히 예견할 수 있다.

따라서 가게 주인 스스로도 상품에 책임을 지고 진열하고 관리해야 하는 의무가 있기 때문에, 만약 지나가던 가축이 자신의 가게가 있는 야채나 과일을 먹었다 해도 그것을 팔았을 때의 가격만큼만 보상받을 수 있다.

그렇다면 시장에서 약간 떨어진 곳에 쌓여 있는 과일이나 야채를 가축이 먹은 경우는 어떻게 되는가? 여기도 공공장소가 아닌가? 유대교의 랍비들은 이러한 의문을 제기한다.

랍비들은 공공장소라 할지라도 시장으로부터 떨어져 있는 인적이 드문 장소는 가축 주인의 책임 영역에 속한다고 결론을 내린다. 따라서 가축 주인은 남의 재산으로부터 가축을 충분한 거리만큼 떼어놓아야 할 의무가 있으며, 만약 가축으로 인해 피해가 발생한다면 전액 배상할 책임이 있다.

사고가 일어나기 전에 책임을 명확하게 규정하라

『탈무드』의 논의 중에서 한 가지 눈에 띄는 것은 '사적인 장소에서의 책임'과 '공공장소에서의 책임'이라는 구분이다. 여기서 공공장소란 시장이나 마을의 광장, 또는 마을 놀이터나 회의 장소 등을 가리킨다. 이러한 공공장소에서는 갖가지 위험이 발생할 가능성이 크다. 따라서 과실에 의한 사고가 일어날 가능성도 높다. 그러므로 사고가 일어난 경우 가해자의 과실 책임을 묻기 이전에 피해자 자신이 사전에 위험 대책을 강구하고 있었는지 따져보아야 한다. 그 후 가해자의 과실 책임을 묻는다.

한편 상대방의 사적인 장소에서 일어난 사고인 경우에는 전적으로 가해자가 책임져야 한다. 타인의 사적인 장소는 당연히 존중되어야 하며, 따라서 설사 고의가 아니었다 하더라도 그 장소에 들어가 상대방의 사생활을 침해하고 손해를 입혔다면 전적으로 가해자의 과실인 것이다. 이것이 유대식 책임 추궁 방식이다.

책임이라고 하는 것은 사고가 일어난 후에 명확해지는 것이 아니다. 사고가 일어나기 전에 그 책임 범위를 명확하게 규정해놓으면 사고가 일어난 후 책임 소재를 규명하는 것이 보다 쉬워지게 된다.

책임

어느 상인이, 여러 대의 마차에 물건을 가득 싣고 한 도시를 향해 가고 있었다.

도중에 눈이 내리기 시작하여 광야는 눈 깜짝할 사이에 눈으로 가득 쌓였다. 설상가상으로 마을로 간다는 것이 깊은 숲 속으로 들어가고 말아, 일행은 그만 길을 잃고 말았다.

그는 오랫동안 이리저리 헤매며 고생한 끝에 가까스로 도시로 가는 길을 발견할 수 있었다. 그때 상인이 깊은 한숨을 내쉬며 탄식하자 옆에 앉아 있던 마부가 이상한 듯이 물었다.

"이렇게 길을 찾았는데, 어째서 그리 탄식하는 겁니까?"

"언제나 한 대의 마차만 몰고 있는 자네는 아마 이해하지 못할 것이네. 나는 지금까지 여러 번 길을 잃은 적이 있었지.

그때마다 한 대의 마차가 남기는 바퀴 자국은 바람이나 눈에 금방 지워져버리지만, 이렇게 무거운 짐을 실은 여러 대의 마차가 눈길을 가면 깊은 바퀴 자국이 남게 되네. 그러면 이제 부터 내 뒤에 오는 마차는 이 길이 도시로 가는 길인 줄 알고,

내 마차의 바퀴 자국을 따라가다 길을 잃어버리게 될 것 아닌가?"

상인은 앞으로 일어날 일을 걱정하면서 대답했다.

··· 탈무드 실천법 22

나중에 불씨가 될 문제는
미리 차단한다

어떤 사람이 『토라』에 기록되어 있는 율법에 반하는 조건을
내세우면 그 조건은 무효다. 행위가 앞서고 사후 승인되는 조건,
이것도 무효다. 모든 것이 최종적으로 이행 가능하며 또한
그 조건이 행위보다 앞서서 이루어진 것, 이 조건은 유효하다.
미쉬나 「바바 메치아」 편, 7·11

최종적으로 이행 가능한 조건을 명시하라

일본에서 하이테크 기술을 중개하는 링크테크놀로지스(Link Technologies)사의 대표 닐 플래테크 씨는 이스라엘의 텔아비브(Tel Aviv) 대학 법대 출신이다.

그의 말에 따르면 대부분의 사람들은 눈앞에 닥친 것을 위주로 계약서를 작성하지만, 유대인들은 장래 예상되는 문제의 처리 방법에 초점을 맞춰 상세하게 계약을 한다고 한다. 대부분의 계약서는 기껏해야 2, 3쪽으로 되어 있는데, 유대인들의 사고방식에서 그 정도 분량의 계약서는 기본 합의서 정도에 불과하다.

『탈무드』는 "모든 것이 최종적으로 이행 가능하며 또한 그 조건이 행위보다 앞서서 이루어진 것, 이것은 유효하다"고 규정한다. 여기서 말하는 '최종적으로'라는 말의 의미는 앞으로 예상되는 모든 사태에 관해 반드시 조건 설정을 해야 한다는 것이다.

계약서에 조건을 명확하게 적어두지 않기 때문에 분쟁이 일어난다. 따라서 『탈무드』는 조건을 명시하지 않는 상태에서 일어난 사건은 무조건 무효 처리한다. 요컨대 모든 계약서의 필수 조건은 앞으로 예상되는 문제에 대해 계약자 쌍방이 충분히 납득할 수 있는 조건으로 분명하게 명시해야 하는 것이다.

나중에 분쟁의 불씨가 될 문제는 사전에 차단하라

『탈무드』에서는 "어떤 사람이 『토라』에 기록되어 있는 율법에 반하는 조건을 내세우면 그 조건은 무효다. 행위가 앞서고 사후 승인되는 조건, 이것도 무효다"라고 말한다. 이 구절을 이해하기 위해서는 『토라』는 『모세 5경』이라고 불리는 「창세기」, 「출애굽기」, 「레위기」, 「민수기」, 「신명기」 5편이며 『구약성경』 전체가 그것을 보완하고 있다. 따라서 유대인에게 있어 『토라』는 육법전서와도 같은 존재이며 『구약성경』 전체는 그 사례집이라 할 수 있다. 그리고 『토라』만으로는 충분히 수용할 수 없었던 수많은 사례에 대해 법적인 옳고 그름이나 견해 등을 체계적으로 정리한 것이 바로 『미쉬나』다. 거기에 『미쉬나』에서 정한 옳고 그름을 둘러싸고 그 적용 범위 등에 대한 방대한 논의와 토론을 수집 기록한 것이 『게마라(Gemara)』이며, 그것에 더욱 많은 주석과 해설을 추가한 것이 『토세프타(Tosefta)』다. 그리고 『미쉬나』, 『게마라』, 『토세프』를 총망라하여 편찬한 것이 바로 『탈무드』다.

이렇게 방대한 유대법의 체계를 원점으로 거슬러 올라가면 '모세의 십계'에 이른다. 즉, 유대인의 모든 가치체계는 이 십계로부터 퍼져나간 것이다. 십계는 종교적 규율이지만 그 정신은 유대인의 생활에 규율을 부여한다. 생활 규율뿐만 아니라 십계를 통해 그들의 비즈니스 정신을 엿볼 수 있는데 히브리대학교의 아브라함 라비노비치 교수의 설명을 보면 십계가 어떻게 유대인의 비즈니스 정신에 스며들어 있는지 알게 된다.

1. 나 이외의 다른 신들을 섬기지 말라.
   ⋯〉 진실을 중시한다.

2. 너를 위하여 새긴 우상을 만들지 말라.
   ⋯〉 신의를 지키고 이중계약을 하지 않는다.

3. 너의 하나님 여호와의 이름을 망령되어 부르지 말라.
   ⋯〉 안일한 보증이나 계약을 하지 않는다.

4. 안식일을 기억하여 거룩히 지키라.
   ⋯〉 노동 후의 휴식이 창조로 이어진다.

5. 네 부모를 공경하라.
   ⋯〉 창조주에게 경의를 표하고 어른을 공경한다.

6. 살인하지 말라.
   ⋯〉 인명을 존중하고 다른 사람의 복지에 관심을 기울인다.

7. 간음하지 말라.
   ⋯〉 뒷거래를 하지 않는다.

8. 도적질하지 말라.
   ⋯〉 사기 및 부당한 이익을 엄금한다.

9. 네 이웃에 대하여 거짓 증언을 하지 말라.
   ⋯〉 공정함과 진실이 사회정의를 확립한다.

10. 네 이웃의 재물을 탐내지 말라.
    ⋯〉 다른 사람의 권리를 고의로 침해하지 않는다.

이런 십계의 정신은 한마디로 말해 그 유명한 랍비 힐렐의 명언, "네가 하고 싶지 않은 일을 남에게 강요하지 말라"라고 정의할 수 있다.

유대인들이 계약에 까다롭고 그토록 계약을 고집하는 이유는 나중에 분쟁의 불씨가 될 수 있는 사건이나 문제 들을 사전에 차단하고자 하는 데 있다. 즉 예상되는 여러 가지 사태를 철저히 검토하여 사전에 그 대처 방법을 명확히 정해두는 것이 유대인들이 항상 지니고 있는 계약 정신의 핵심인 것이다.

생선장수와 은행

어느 마을의 랍비가 생활이 어려워, 돈을 벌기 위해 시내에 나가 생선을 팔기로 했다. 아내가 생선을 사왔고, 그녀는 생선을 요리한 뒤 겨자를 듬뿍 치고 수레에 실어 남편을 내보냈다. 랍비는 늘 포장마차를 은행 건너편에 세워놓고 생선을 팔았다. 며칠이 지났을 때, 이웃마을에 사는 랍비가 찾아왔다.

"여보게, 장사는 좀 어떤가?"

"뭐, 그럭저럭 할 만하네."

"그런데 혹시 5루블 가진 게 있으면 빌려줄 수 없겠나?"

이웃마을의 랍비가 말했다.

그 랍비하고는 친한 사이였기 때문에 5루블 정도는 빌려주고 싶었지만, 생계가 곤란하여 생선을 팔고 있는 처지이니만큼, 가능하면 거절해야겠다고 생각했다.

"길 저쪽에 은행이 보이나? 난 이곳에서 장사를 시작하면서 은행과 협상을 했네. 내가 사람들에게 돈을 빌려주지 않는 대신, 은행에서도 생선을 팔지 않기로 말일세."

··· 탈무드 실천법 23

소유권은 수중에 확보한 사람의 것이다

만약 어떤 사람이 분실물을 발견하여 그것을 주우려고 몸을
구부리는 순간 다른 사람이 다가와 그것을 먼저 움켜쥐었다면
그것은 움켜쥔 사람의 소유가 된다.
만약 자신의 땅에서 다른 사람이 분실물을 발견하고 그것을 노리고
달려와도, 또는 다리를 다친 새끼 사슴이나 날지 못하는 비둘기를
노리고 달려와도 "내 땅이 내게 그것들에 대한 소유권을 준다"고
선언하면 그의 주장은 유효하다. 그것이 분실물이든 새끼 사슴이든
비둘기이든 모두 그의 소유가 된다.
그러나 만약 새끼 사슴이 자신의 땅에서 달아나버리거나, 비둘기가
자신의 땅에서 날아가버린다면 "내 땅이 내게 그것의 소유권을 준다"고
선언해도 그 선언은 무효다.

미쉬나 「바바 메치아」편, 1·4 후반

내 손안에 있을 때만 소유권이 인정된다

몇 년 전 이집트를 여행할 때의 일이다. 이집트인 안내원이 "시나이 반도를 이집트가 되찾을 수 있었던 것은 1973년부터 1년 동안 계속된 전쟁에서 이스라엘에 승리했기 때문이다"라고 설명했다. 그러나 엄밀히 말하자면 이집트가 전쟁의 승리를 통해 시나이 반도를 차지한 건 아니다. 그 전쟁에서 처음에는 이집트군이 우세했지만, 이집트는 이후 수에즈 운하를 빼앗겼고 이스라엘의 카이로(Cairo) 포격 직전 이스라엘에 굴복함으로써 전쟁은 휴전 상태에 돌입했다. 그 후 평화 조약 체결이 이루어지고 시나이 반도는 평화의 징표로서 단계적으로 이집트에 반환된 것이다.

"패자는 영토를 빼앗기고 승자는 적지를 차지한다"는 전쟁의 상식에서 보면, 잃어버린 영토를 되찾을 수 있었던 것이 전쟁의 승리 때문이었다는 주장도 반드시 틀린 것만은 아니다. 외교 교섭이라 할지라도 그 배경에는 국가의 힘이 작용하고 있으며, 영토는 힘으로 지배하는 것이지 교섭만으로 지배하는 것이 아니기 때문이다.

그런데 영토를 소유하고 있더라도 그것을 실질적으로 지배하고 있지 못하면 소유권은 인정받지 못한다. 그래서 『탈무드』는 애매모호한 소유권을 결코 인정하지 않는다. "만약 어떤 사람이 분실물을 발견하여 그것을 주우려고 몸을 구부리는 순간 다른 사람이 다가와 그것을 먼저 움켜쥐었다면 그것은 움켜쥔 사람의 소유가 된다"는 가르침은 그와 관련된다.

A가 길 위에 떨어져 있는 분실물을 발견했다. 그것을 자신의 것으로 하려고 황급히 허리를 구부려 두 손으로 주우려고 했다. 그 순간 B가 그것을 보고 달려와 A의 다리 사이로 재빨리 손을 넣어 그 분실물을 먼저 움켜쥐었다. 이 경우 유대 법정은 분실물이 B의 소유라고 판결을 내린다.

소유자가 없는 분실물은 누가 주워도 그것을 자신의 소유물로 할 수 있다. 따라서 A는 그것을 발견하고 자신의 것으로 하려고 황급히 몸을 구부렸다. 이 시점에서 분실물이 이미 A의 소유가 된 것처럼 보이지만 A가 분실물을 확보했다는 판정은 내릴 수 없다. 왜냐하면 A는 단순히 분실물을 가랑이 사이에 두고 서 있었을 뿐이라는 해석도 가능하기 때문이다. 따라서 B가 그것을 재빨리 잡아채 그의 수중에 확보할 경우 B에게 그 분실물에 대한 소유권이 인정되는 것이다.

소유권은 실제로 지배하고 있지 않으면 무효가 된다. 아무리 선의로 다인에게 10년 또는 20년이 넘게 자신의 물건을 맡겨둔다 할지라도 물건에 따라서는 자신의 소유권이 실효되는 경우도 있는 것이다.

소유주가 없는 물건은 신속하게 소유권을 확보하라

도산한 회사로부터 채권 회수를 하기 위해 실력을 행사하여 담보물을 확보하는 상황을 우리는 일상생활에서 직접 경험하거나 보고 듣는다. 그런데 의외로 우리는 소유주가 없는 물건에 대해서는 방치하고 있는 경우가 많다.

일본에서 소유주가 없었던 재산을 둘러싸고 분쟁이 일어난 사건이 있었다. 30여 년 전 일본의 오분샤(旺文社)가 영어사전의 재단 부분에 ABC 순으로 색인을 넣어 특허를 신청한 것과 관련된 사건이었다. 종이의 가장자리에 잉크로 색을 입히고 ABC 순으로 색인을 넣는 것은 옛날부터 누구나 해왔던 것이다. 그것을 오분샤가 특허 신청한 것이다. 그 당시에는 모두가 뻔뻔한 방식이라고 오분샤를 비난했다. 그러나 이에 항고하는 자가 없었기 때문에 그 특허는 인정되었다.

또 40여 년 전 일본의 닛신(日淸) 식품이 처음으로 인스턴트 라면을 팔기 시작했을 때의 일이다. 당시 일단 면을 기름에 튀겨놓았다가 나중에 미지근한 물에 적셔 면발을 살리는 방식은 중화요리집이나 면 제조업자라면 누구나 알고 있었으며, 실제로 그 방식을 이용하고 있었다. 그런데 닛신 식품은 그 제조 방식을 특허 신청했다.

이에 일본의 면 제조업자들이 부당하다고 고소했고, 결국 다른 면 제조업자에게도 닛신 제품이 특허 신청한 제조 방식을 인정한다고 결론이 났다. 그러나 이렇게 소송이 매듭지어질 때까지 15여 년의 기간 동안 닛신 식품은 인스턴트 라면 분야에서 확고한 지위를 구축했다.

이 두 사건은 일반적으로 통하는 상식일지라도 발안자가 불명확할 경우 특허라고 하는 형태로 확보하여 사업에 성공한 사례라 할 수 있다.

경우를 달리하여, A가 분실물을 발견하고 먼저 취하려고 했는데 그 분실물이 떨어져 있는 장소가 B의 사유지인 경우는 어떻게 되는가? A가 등장하지 않고 B만이 그곳에 있었다면 토지는 B의 것이기 때문에 본래의 소유자가 나타나지 않는 한 그 분실물은 B의 소유가 된다.

그러나 A가 등장하여 먼저 분실물을 수중에 확보한다면 이것은 A의 것이 된다. 여기서 A의 선취권을 부정할 수 있는 유일한 수단은 A가 손을 뻗쳐 분실물을 줍기 전에 B가 그 분실물이 떨어져 있는 땅이 자신의 소유지라는 것을 먼저 선언하는 것이다. 그렇게 되면 A가 선취권을 확보하기 전에 B의 소유라는 기정사실을 확립할 수 있는 것이다. 그러나 아무리 자신의 소유지라 할지라도 새처럼 날아왔다가 다시 날아가버리는 것은 자신의 소유로 둘 수 없다.

이를 회사 업무와 관련하여 말하자면 개인이 습득한 지식이나 기능, 정보를 제약할 수 있는 것은 그가 회사에 근무하고 있는 기간 중에만 가능하다는 것이다. 따라서 미국이나 이스라엘 등에서는 신입사원에게 "재직 중에 얻은 정보나 기술을 다른 데로 빼돌리거나 누설해서는 안 된다"는 서약서를 쓰게 한다.

친구의 수표장

"내 재산을 전부 현금으로 바꿔주게. 그리고
그 돈으로 제일 비싼 모포와 침대를 준비하고, 남는 현금은
머리맡에 쌓아두었다가 내가 죽거든 관 속에 함께 넣어주게.
모두 저 세상으로 가지고 갈 작정이니."
가족들은 그의 유언대로 모포와 침대, 그리고 현금을 준비했다.
부자는 호화찬란한 침대에 누워서 부드러운 모포를 몸에
덮었다. 그리고 머리맡에 놓인 현금을 흡족하게
바라보면서 숨을 거두었다.
가족들은 어마어마한 현금을 그의 유언대로 유해와 함께
관 속에 넣어주었다. 바로 이때 이곳에 달려온 친구가 있었다.
친구는 집안 식구들로부터 전 재산을 유언에 따라서 현금으로
바꿔 관 속에 넣었다는 말을 듣고, 주머니에서 수표장을
꺼내더니 빠른 솜씨로 금액을 쓰고 사인을 한 다음 그의
관 속에 넣었다. 그리고 그 대신 현금을 전부 관에서 꺼내고는
친구의 유해를 툭 치며 이렇게 말했다.
"현금과 같은 액면가를 넣어주었으니 자네도 만족할 걸세."

··· 탈무드 실천법 24

확실하게 점유해야 소유권이 확보된다

한 사람이 가축을 타고 있었다.
그 사람의 동료인 또 한 사람은 걷고 있었다.
가축을 타고 가는 사람이 길 위에 물건이 떨어져 있는 것을
발견하고 동료에게 "그것을 내게 주워 주게"라고 말했다.
그런데 동료는 그것을 잡자마자 가슴에 끌어안으면서
"내가 소유권을 확보했다"라고 말했다. 후자의 주장은 유효하다.
그러나 동료가 가축을 탄 사람에게 주운 물건을 건네준 후에
"내가 그 소유권을 확보했다"라고 말한 경우 그의 주장은 무효가 된다.
미쉬나 「바바 메치아」편. 1·3

탈무드는 수많은 법률 논쟁 사례집

사업을 하다 보면 갖가지 상황에서 소유권 분쟁에 휘말리게 된다. 소유권 분쟁은 당사자 간의 오해에서 일어나기도 하지만 특히 '정의(正義) 불충분'에 기인하는 경우가 많다. 오해나 정의 불충분에 의한 분쟁을 막기 위해서는 결정의 원칙을 명확하게 하고, 그 원칙에 준하여 권리 범위를 확정한 다음, 확정된 권리 범위에 따라서 소유권을 따져보아야 한다.

『탈무드』는 유대법을 집대성한 것이다. 그러나 엄밀히 말해 『탈무드』는 법전이라기보다 정의 불충분으로 인한 수많은 분쟁에 관련된 랍비들의 법률 논쟁 사례집이라 할 수 있다. 어떤 문제에 대해 랍비 A, 랍비 B, 랍비 C, 랍비 D가 이러이러한 의견을 내놓았다고 하나하나 기록한 후, 마지막으로 그에 따른 결론을 첨부하고 있는 것이다.

법전의 성격이 가장 명확하게 나타나 있는 부분은 『탈무드』의 중핵을 구성하고 있는 『미쉬나』다. 그러나 『미쉬나』 역시 그 본질은 정의 불충분으로 인해 일어난 분쟁의 옳고 그름을 가리는 사례집이라 할 수 있으며, 금지 또는 규제를 주목적으로 한 법률서가 아니다.

금지나 규제를 목적으로 하는 유대법은 율법서인 『모세 5경』에 모두 수록되어 있다. 그런데 금지나 규제를 목적으로 하는 법률은 어느 나라의 법률이든 딱딱하다. 읽을수록 흥미진진한 것은 역시 사례집이며, 정의 불충분의 사례들을 하나하나 파헤치는 법률 논쟁들이다. 『탈무드』나 『미쉬나』는 그런 점에서 매력을 끈다.

소유권이 우선인 유대식 판결

앞에서 제시한 습득물의 소유권에 관한 논의는 다음과 같은 사례에서 시작되었다.

> 만약 상점에서 두 사람이 동시에 한 장의 포목을 잡고 자기 쪽으로 잡아당기며, 그 중 한 사람이 "내가 먼저 이것을 찾아냈다"고 말하고 또 한 사람이 "내가 먼저 이것을 찾아냈다"고 말하고 또 한 사람도 "내가 먼저 이것을 찾아냈다"고 주장한 경우, 또는 한 사람이 "이것은 전부 내 것이다"라고 말하고 또 한 사람도 "이것은 전부 내 것이다"라고 주장한 경우, 각각 자신에게 절반 이상의 권리가 있다는 것을 반드시 법정에서 선시하고 그것을 절반씩 나눠 가져야 한다.
> … 미쉬나 「바바 메치아」편, 1·1a

위에서 『미쉬나』는 두 사람이 동시에 같은 상품을 잡고 두 사람 모두 구매 의사를 주장하며 양보하지 않을 경우 절반씩 나누라고 명한다. 여기서 말하는 "이것은 전부 내 것이다"라는 말의 정확한 의미는 "이것을 전부 내가 사겠다"는 것이다. 그런데 이와 같은 상황은 다음과 같이 흥미진진한 상황으로 다시 전개된다.

> 만약 한 사람이 "이것은 전부 내 것이다"라고 말하고 또 한 사람은 "이것의 절반은 내것이다"라고 주장한 경우, "이것은 전부 내 것이다"라고 말한 자는 그 물건의 4분의 3 이상의 권리가 있다는 것을 법정에서 선서하고, "이것의 절반은 내 것이다"라고 주장한 자는 그 물건의 4분의 1 이상의 권리가 있다는 것을 법정에서 선서해야 한다. 그리고 전자는 그 물건의 4분의 3을 사고, 후자는 그 물건의 4분의 1을 사는 것으로 한다. … 미쉬나 「바바 메치아」편, 1·1b

상식적으로 생각할 때 한 사람은 전부를 원하고 또 한 사람은 절반을 원할 경우, 전자에게 3분의 2를 갖게 하고 후자에게 3분의 1을 갖게 하는 것이 공평한 판단이라고 생각하기 쉽다.

그러나 유대인의 사고방식에서 그러한 판단은 불공평하다. 왜냐하면 전자는 전부를 손에 넣을 수 없고 후자 또한 절반을 차지할 수 없기 때문이다. 따라서 유대인은 먼저 한 장의 포목을 이등분하여 그 한 조각을 전자에게 주고 나머지 한 조각을 쌍방이 절반씩 나눠 갖도록 한다. 그럼으로써 전자는 한 조각 '전부'를 차지하게 되고 후자 또한 그의 주장대로 나머지 한 조각의 '절반'을 획득하게 된다. 그렇게 함으로써 쌍방의 권리 주장에 대한 '명분'을 세워주는 것이다.

여기서 쌍방이 제시한 가격은 문제되지 않는다. 유대법은 상품을 쥐고 놓지 않는 것이 소유권 확립의 첫 번째 조건이라 규정하기 때문이다. 즉 매매 가격은 소유권이 잠정적으로 확립된 후에 협상하여 결정해도 늦지 않다.

발견한 사람이 아닌 점유한 사람에게 소유권이 있다

상점 앞에서 하나의 상품을 두 사람이 동시에 쥔 경우를 사례 연구의 원점으로 삼는다면, 실제로 상품을 손에 쥐지는 않았지만 같은 상품을 서로 사겠다고 싸우는 경우는 어떻게 되는가?

만약 두 사람 모두 가축을 타고 있었을 경우, 또는 한 사람은 가축을 타고 있고 또 한 사람은 그 가축을 끌고 있었을 경우, 한 사람이 "그것은 전부 내 것이다"라고 말하고 또 한 사람도 "그것은 전부 내 것이다"라고 주장했다. 이 경우 각각 자신에게 절반 이상의 권리가 있다는 것을 법정에서 선시하고 그들은 그것을 절반씩 나눠야 한다. 그러나 그들이 서로 그것을 함께 발견했다고 인정한 경우, 또는 두 사람이 함께 발견한 것을 증명할 증인이 있는 경우 그들은 법정에서 선서하지 않고 그것을 절반씩 나눠도 좋다.… 미쉬나 「바바 메치아」편, 1·2

여기서 말하는 가축은 아마 당나귀일 것이다. 당나귀의 등에

제4장 치밀한 계약이 이익을 보장한다 | 191

탄 상태라면 도저히 손이 상품에 닿지 않을 것이다. 한쪽 손으로 당나귀의 고삐를 잡고 있는 자도 다른 한쪽 손으로 상점 앞에 진열되어 있는 상품을 잡기 힘들다. 그들은 틀림없이 손가락으로 상품이 있는 쪽을 가리키면서 "그것은 전부 내 것이다"라고 주장했을 것이다. 두 사람 모두 상품을 실제로 손에 쥐지 않은 상태에서 동시에 같은 상품을 사겠다고 의사표시를 한 것이다.

이 경우 "그것은 전부 내 것이다"라고 의사표시를 먼저 한 사람이 구매 권리를 확보하게 되는 것이다. 그러나 상품을 쥐고 놓지 않는 앞의 사례와 비교하면 소유권 확보를 인정하기에 조건이 약하다. 의사표시만으로는 매매 계약이 결코 성립되지 않기 때문이다. 즉 소유권 확보의 첫 번째 조건인 물품 확보가 이루어지지 않았다. 이번에는 세 번째 사례를 보자.

> 한 사람이 가축을 타고 있었다. 그 사람의 동료인 또 한 사람은 걷고 있었다. 가축을 타고 가는 사람이 길 위에 물건이 떨어져 있는 것을 발견하고 동료에게 "그것을 내게 주워 주게"라고 말했다. 그런데 동료는 그것을 집자마자 가슴에 끌어안으면서 "내가 소유권을 확보했다"라고 말했다. 후자의 주장은 유효하다. … 미쉬나 「바바 메치아편. 1·3

이 경우는 습득물의 소유권이 첫 번째로 발견한 사람에게 있느냐 여부를 따지고 있다. '발견자=습득자'라면 그 물건의 주인이 나타나지 않는 한 습득물의 소유권은 자동적으로 '발견자=습득자'의 것이 된다. 그러나 습득물이 처음으로 발견한 사람이 아닌 다른 사람의 수중에 들어가버릴 수도 있다. 그 경우 과연 누가 소유권을 주장할 수 있을까?

유대법이 인정하는 소유권 확립의 필요조건은 '상품 확보=구입 권리 확보', '물품 확보=소유권 확보'이다. 그러나 이것만으로는 충분하지 않다. '상품(물품)의 점유권 선언'이 있어야 비로소 완벽하게 구입 권리(소유권)가 확립된다.

분실물을 발견하고 동료에게 주워달라고 해서 그것을 확실하게 자신의 수중에 넣는다면 자신의 것이라고 주장할 수 있다. 그런데 동료가 그것을 주워 습득물을 확보함과 동시에, 처음에 발견한 사람의 손에 들어가기 전 "내가 이 소유권을 확보했다"라고 점유권 선언을 했다. 그렇게 되면 처음 발견한 사람에게는 이미 그 물품에 대한 아무런 권리도 없는 것이다. 왜냐하면『탈무드』에서는 소유권 확보를 위한 필수 조건으로 자신의 노력에 의해 물품을 확실하게 수중에 넣을 것을 규정하고 있기 때문이다.

다이아몬드의 주인

 어떤 사람이 헌 옷을 샀다. 집에 와서 보니

옷 안에 다이아몬드가 들어 있었다.

'이 다이아몬드는 누구의 것이지? 내가 가져도 되는 걸까?'

그는 고민하다 랍비를 찾아가 물었다.

"이 다이아몬드는 누구의 소유입니까?"

랍비는 대답했다.

"자네 아이를 데리고 헌 옷을 판 사람에게 가서 다이아몬드를 돌려주게. 그러면 자네는 다이아몬드보다 더 귀한 교육을 자네 아이에게 선물로 주는 것이네."

··· 탈무드 실천법 25

적어도 세 방향에서 관찰한다

밭에 있는 나무 두 그루를 산 것은 나무만을 산 것인지 나무가 심어져 있는 땅을 산 것은 아니다. (그런데 랍비 메일은 "땅도 산 것이다"라고 말하기도 한다.) 이 경우 밭주인은 팔아넘긴 나무가 팔 때보다 크게 자랐다고 그 나뭇가지를 베서는 안 된다. 나무줄기에서 돋은 싹은 나무를 산 자의 소유이며, 뿌리에서 돋아난 싹은 밭 주인의 소유다. 만일 나무가 말라 죽을 경우 나무가 심어진 그 땅은 나무 소유자의 것이 될 수 없다.
그러나 세 그루의 나무를 산 경우 세 그루의 나무가 둘러싸고 있는 땅도 산 것으로 인정한다. 따라서 밭 주인은 팔아넘긴 나무에서 나뭇가지가 자라 그 둘러싼 땅을 벗어나면 베도 좋다. 나무줄기에서 돋은 싹도, 뿌리에서 돋아난 싹도 모두 나무를 산 자의 소유다. 만일 나무가 말라 죽더라도 나무들이 심어져 있던 그 땅은 나무를 산 자의 소유다.
미쉬나 「바바 바트라」 편, 3·5

관찰하는 시각은 다양할수록 좋다

앞에 인용된 규정은 유대인의 다각적이고도 치밀한 사고방식을 보여준다. 이 규정은 나무를 산 것이 그 나무가 심어져 있는 땅도 산 것인가의 여부를 둘러싼 판례다.

유대의 상법에서는 상품을 산 사람이 그 상품을 자신의 창고 안에 넣거나 또는 자신의 토지 안에 확실히 확보한 시점에서 그 상품에 대한 소유권이 확정된다고 규정한다. 따라서 남의 밭에 심어져 있는 나무를 산 경우 나무를 베어서 자기 집으로 가지고 가거나, 나무를 파내서 자기 땅에 옮겨 심는다면 소유권 확정이 인정된다. 또는 남의 땅에 심어져 있는 나무를 사고 그 나무 주위의 땅도 함께 샀다면 문제될 것이 없다.

따라서 나무를 사고 그 나무가 심어져 있는 부분의 땅만 빌린 경우는 상식적으로 있을 수 없다. 그런데 어떤 사람이 "나무라고 하는 것은 본래 땅에 심어져 있는 것이기 때문에 나무를 샀다는 것은 다시 말해 그 나무가 심어져 있는 땅도 함께 산 것으로 인정해야 하는 것이 아닌가? 때문에 나무가 심어져 있는 그 부분의 땅도 나무를 산 사람의 소유다"라고 주장했다. 이러한 분쟁과 관련하여 『탈무드』는 다음과 같이 판결을 내린다.

『탈무드』에 의하면 밭에 심어져 있는 나무를 두 그루 사더라도 그 나무가 심어진 땅까지 산 것은 아니다. 그러나 랍비 메일이라는 학자는 이에 이의를 제기하며 나무 두 그루를 사면 그 두 나무

사이에 있는 땅은 나무를 산 사람의 소유라고 주장했다.『탈무드』는 일단 그러한 의견이 있었다는 것을 기록하고는 있지만 랍비 메일의 의견을 받아들이지는 않았다.

『탈무드』의 판단으로는 나무 한 그루를 산 경우 그 나무가 심어져 있는 부분의 땅까지 산 것은 아니다. 애초에 남의 밭에 심어져 있는 나무만 사고 그 나무의 생명을 지탱하고 있는 땅을 사지 않았다는 것 자체가 바람직하지 않은 것이기 때문이다.

따라서 그 경우 나무 주위의 땅은 나무 소유자의 것이 아니기 때문에 흙 속의 나무뿌리에서 돋아난 새싹은 나무를 산 사람의 소유가 될 수 없다고『탈무드』는 규정한다. 반대로 나뭇가지가 뻗어서 밭에 햇볕이 들지 않더라도 밭 주인은 일단 그 나무를 팔아 버린 이상 나뭇가지를 함부로 잘라서는 안 된다.

그런데 세 그루의 나무를 산 경우 그 나무가 심어져 있는 땅까지 산 것으로 간주한다고『탈무드』는 규정한다. 그 이유는 '점(点)'이나 '선(線)'으로는 주변 영역을 확보할 수 없지만 '면(面)'으로는 얼마든지 영역을 확보할 수 있다고 판단했기 때문이다. 따라서 나무 세 그루가 삼각형 모양으로 심어져 있다면 그 세 그루로 둘러싸인 삼각형 모양의 땅은 나무를 산 사람의 소유로 간주하는 것이다.

그렇다면 나무 세 그루가 직선으로 심어져 있는 경우는 어떻게 되는가? 이 경우 중앙의 나무 한 그루가 차지하고 있는 땅은 양쪽 나무에 의해 확보된 범위 내에 있기 때문에 당연히 나무를 산 사람의 소유다. 그러나 양 끝에 심어져 있는 나무 두 그루의 바깥쪽 땅은 삼각형의 바깥쪽과 마찬가지로 땅 주인의 소유가 된다.

위와 같은 판단은 다음과 같이 확장될 수 있다. 조건이 두 가지 밖에 없는 경우 두 가지 조건은 서로 팽팽한 긴장 관계에 놓여 있지만 그 긴장 상태에서 얼마든지 좌우로 움직일 수 있다. 마치 양쪽에서 철사를 잡아당기는 것과 같다. 이때 좌우 어느 쪽이든 간에 힘이 강한 쪽으로 이끌려 승패가 나더라도 그것은 어디까지나 점(点)을 확보한 것이지 영역을 확보한 것은 아니다. 즉 두 개의 점을 잇는 '선'은 어디까지나 선일뿐이지 절대로 '면'이 될 수 없는 것이다.

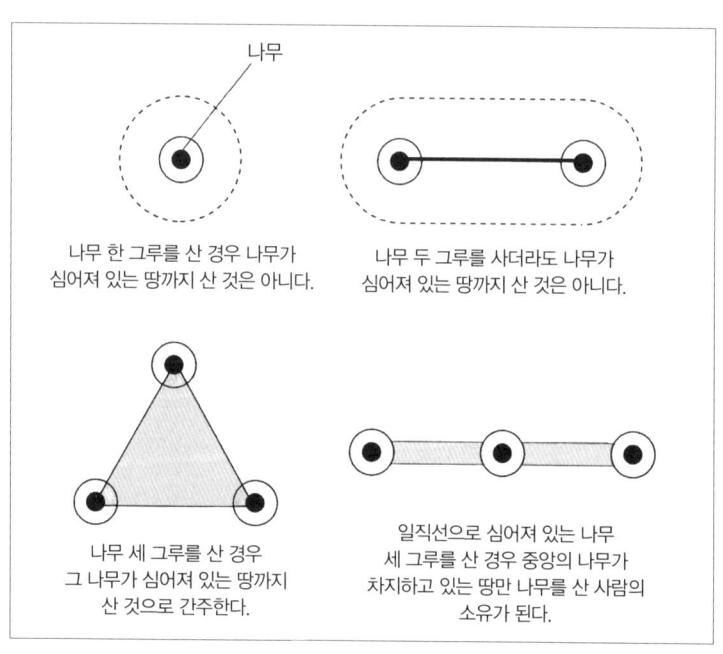

일직선으로 심어져 있는 나무 세 그루를 산 경우 중앙의 나무가 차지하고 있는 땅만 나무를 산 사람의 소유가 된다.

그러나 조건이 세 가지 있으면 긴장 관계는 정립(鼎立)되며, 세 사람의 위치 또한 명확히 확정된다. 지형을 측량할 때 삼각 측량법을 사용하는 것은 이 원리를 이용한 것이다.

유대인의 세계에서는 소송에 있어서도 반드시 세 명의 증인을 세운다. 객관적 시점이라고 하는 것은 적어도 세 방향에서 관찰해야만 비로소 성립된다고 생각하기 때문이다. 제4나 제5의 시점에서 관찰한 증거나 정보가 있으면 사물에 대한 객관성은 한층 더 높아진다.

사회가 복잡할수록 다각적으로 사고하라

일반적으로 이루어지는 논의나 토론에는 '제3의 객관적 시점'이 결여되어 있는 경우가 너무도 많다. 이는 사물의 표리(表裏), 즉 두 가지 면을 파악하는 것만으로 상황 전체가 충분히 파악될 수 있다는 착각에서 비롯된 현상이다.

법률이든 규제든 교육 방침이든 허점이 많은 것은 문제를 두 측면에서만 파악하기 때문이다. 허점이 드러날 때마다 개혁이니 규제니 새로운 방침이니 하면서 뜯어고치기 바쁘다. 그야말로 사상누각(沙上樓閣)이 아닐 수 없다.

우리는 적어도 모든 일에 제3의 의견을 경청하고 제4의 가능성에 대해서도 검토해야 한다. 그러한 사고방식과 습관이 몸에 배지 않고서는 절대로 복잡다단해진 국제화 시대에 적응할 수 없을 것이다.

장님의 등불

한 남자가 어두운 밤길을 걷고 있었다. 바로 그때 반대편에서 장님이 등불을 들고 걸어오고 있는 것이 보였다. 그 이유가 궁금해진 남자는, "당신은 장님이라 어차피 앞을 볼 수 없을 텐데 왜 등불을 들고 다니시오?"라고 물었다. 그러자 장님이 다음과 같이 대답했다.
"내가 등불을 들고 다니면 내가 걸어가고 있다는 것을 눈 뜬 사람들이 알 수 있기 때문이랍니다."

머리맡에 두고 읽는 탈무드 지혜
4

"너, 엄마와 계약한 적 있니?"

유대인 중에 사업가로 성공한 사람이 많은 이유 가운데 하나로 그들의 어머니를 빼놓을 수 없다. 지혜롭고 훌륭한 모친 밑에서 자란 가정환경이 성공의 밑거름이 된 것이다.

'유대인의 어머니(Jewish Mother)'라는 말이 있다. 이 말은 여러 가지 의미를 내포하고 있지만 한마디로 말해 '자녀 교육에 냉정할 만큼 철저한 어머니'라는 뜻이다. 유대인의 어머니는 여성이야말로 진정한 자녀 교육자라는 긍지와 자부심을 가지고 있다.

유대인이 생각하는 어머니상은 '자녀 교육에 철저하며 남편이 일에 전념할 수 있도록 돕고, 필요할 경우 그들을 심하게 호통치면서 집안일을 돕게 하는 등 가정의 주도권을 쥐고 있는 존재'다.

유대 격언에 "신은 언제 어디서나 존재하는 것이 아니다. 그래서 신은 어머니를 만드셨다"라는 말이 있다. 그만큼 유대인들에게 있어서 어머니는 하나님만큼이나 절대적인 존재다.

유대인의 아버지는 대부분 자식이 어떤 직업을 원하든 그것은 아들의 자유라고 생각한다. 물론 로스차일드가(家)처럼 자식은 대대손손 가업을 이어받아야 하고 그렇지 않으면 재산 상속을 일체 인정하지 않는 등 가업을 잇는 것을 최우선으로 삼는 예도 있다. 그러나 부친의 역할은 말하자면 거기까지다.

그와 대조적으로 유대인의 어머니는 자녀가 빨리 자립할 수 있도록 일상생활 속에서 자립심과 독립심을 가르친다. 유대인 브라운 씨가 겪었던 일화가 그것을 잘 보여준다. 브라운 씨는 초등학교 때 친구와 함께 영화를 보러 가기 위해 어머니와 다음과 같은 대화를 나누었다.

- 엄마, 영화 보러 가도 돼요?
- 그래, 갔다 오렴.
- 그럼, 영화비 줘요.
- 영화비? 그건 줄 수 없다.
- 네? 영화비 안 주는 거예요? 지금 영화 보러 가도 좋다고 했잖아요.
- 란스(브라운 씨의 아명), 영화는 널 위해 보는 거지? 자신을 위한 거라면 스스로 해결해야지.

- 그렇지만 난 돈이 없는 걸요.
- 그러니까 뭐든 집안일을 거들어야지. 돈이란 것은 일을 해서 손에 넣는 거야.

브라운 씨는 초등학교 때부터 '노동 없이는 수입 없음'이라는 철칙을 어머니로부터 철저하게 배웠던 것이다. 그날 이후 브라운 씨는 설거지, 잔디 깎기 등 집안일을 돕기 시작했다. "땀을 흘리고 너의 빵을 먹어라"라는 『성경』의 명령은 어린 시절의 브라운에게 생활신조가 되었다.

그렇다 하더라도 집안일을 통한 노동의 대가는 뻔한 것이다. 아이는 좀 더 많은 보수를 손에 넣고 싶어졌다. 고민 끝에 그는 다음과 같은 생각에 이르렀다. '그렇다. 엄마는 늘 공부를 열심히 하라고 했지. 그럼, 열심히 공부해서 좋은 성적을 받자.' 그렇게 생각하고 그는 집안일을 거들면서 틈만 나면 공부했다. 그리고 드디어 전 과목에서 A를 받았다. 학교가 끝나자마자 성적표를 들고 아이는 엄마에게 달려갔다.

- 엄마, 나 이번 학기에 전 과목 A 받았어요!
- 정말 잘했구나. 훌륭해. 엄마는 네가 정말 자랑스럽다.
- 그럼 엄마, 칭찬 선물 주세요.
- 칭찬 선물? 그게 무슨 소리냐. 선물이라니?
- 왜? 나 이렇게 공부 잘했잖아요.

– 난 지금까지 단 한 번도 공부 잘해서 성적이 오르면 선물 준다고 계약한 적 없어.

브라운 씨는 이렇게 어린 시절부터 어머니를 통해 계약의 소중함을 절실히 깨달았던 것이다. 보통의 어머니라면 계약은 생각도 못하는 개념이다. 대부분의 어머니는 자녀가 성적이 오르면 뭐든지 해달라는 대로 손에 쥐어주지 않는가! 이는 유대인의 어머니와 너무나도 대조적인 행동이 아닐 수 없다.

유대인의 거래 철학

계약서는 신뢰의 증명서다.

합리적인 계약은 분노나 원망을 방지한다.

계약의 만료시기를 명확히 정하라.

소유주가 없는 물건은 신속하게 소유권을 확보하라.

실제로 지배하지 않는 물건에 대한 소유권은 무효다.

계약이 성립되면 되돌려놓되 파기하지는 말라.

모든 협상에서 스스로 리더가 되라.

모든 약속은 '나' 개인의 책임으로 한다.

처음부터 지침을 명확히 하라.

구체적인 원칙은 훌륭한 행동을 보장한다.

원인을 제공했다면 반드시 책임을 져라.

원칙을 해석할 수 있는 힘을 닦아라.

실천한 다음에 반성하라.

사람 관리도 예견할 수 있는 책임 범위에 포함된다.

사건의 상황을 여러 방향에서 분석하라.

사고가 일어나기 전에 그 책임 범위를 명확하게 규정하라.

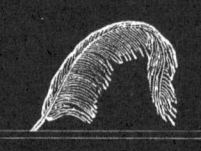

...

'생활이 궁핍하여 물건을 팔아야 한다면, 금, 보석, 집, 토지의 순서로 팔아라. 마지막까지 팔아서는 안 되는 것은 책이다.' 유대인은 오랜 시간 동안의 박해 속에서도 그들의 생명과 재산을 지키기 위해서는 엄청난 지혜를 필요로 했다. 그들은 모든 것을 빼앗겨도 머리에 들어 있는 지혜만 있으면 다시 일어설 수 있다는 확신을 가지고 있었다. 밝음에서 시작되어 어둠으로 끝나는 것보다, 어둠에서 시작되어 밝음으로 끝나는 것이 훨씬 낫다. 세계 부의 25%를 움직이고 있는 유대인이지만 그들의 대부분은 벼랑 끝 무일푼으로 시작하여 성공을 거둔 경우가 대부분이다. 이들에게 그 힘은 어디에서 나왔을까? 그것은 유대인을 유대인답게 하나의 '유대인'으로 연결해준 유대적인 정신과 발상이 있어 가능했다. 지금도 그들은 탈무드를 머리말에 두고 끊임없이 연구하고 있다.

제 5 장

지혜는 마르지 않는 금고

··· 탈무드 실천법 26

서로 위하며 사는 것이 세상이다

누구든 이웃의 창고 아래층에 염색집 또는 빵집을 열어서는 안 된다.
또 외양간을 만들어서도 안된다. 다만 와인이 저장된 창고 아래층에는
염색집이나 빵집을 여는 것이 허용된다. 그러나 외양간을 만드는 것은
이 경우에도 용납되지 않는다.
세입자가 안뜰에 가게를 차릴 경우 안뜰을 공유하는 집주인은
"출입하는 사람들 목소리 때문에 잠을 잘 수가 없다"고 항의할 수 있다.
따라서 안뜰에 있는 가게에서 물건을 만드는 자는 반드시 그 물건을
시장에 나가서 팔아야 한다.
한편 안뜰을 공유하는 집주인은 "망치 소리가 시끄러워 잠을 이룰 수
없다"거나 "절구 소리가 시끄러워서 잠을 이룰 수 없다"거나, "갓난아이의
울음소리가 시끄러워서 잠 이룰 수 없다"고 항의해서는 안 된다.

미쉬나 「바바 바트라」편. 2·3

공공의 이익에 어긋나는 일을 하지 말라

법 안에서 인간은 자유롭다. 즉 인간은 법을 떠나서 자유로울 수 없다는 말이다. 이것은 비록 성문화된 법이 없다 해도 법 그 자체는 엄연히 사회에 존재하고 있다는 것을 의미한다. 법의 제정 및 성문화의 유무와 상관없이 공공복지와 공공 번영이라는 명제가 사회에 있는 한 법은 사회 속에 항상 존재하는 것이다.

『미쉬나』의 다음과 같은 구절은 공공 번영이라는 명제의 중요성이 잘 명시된 구절이라 할 수 있다. "누구든 이웃의 창고 아래층에 염색집 또는 빵집을 열어서는 안 된다. 또 외양간을 만들어서도 안 된다."

이러한 금지 규정이 생긴 이유는 염색집과 빵집이 불을 사용하는 장사이고, 따라서 염색을 하거나 빵을 굽는 과정에서 새어 나온 열이 창고에 저장되어 있는 상품을 변질시킬 우려가 있기 때문이다. 또 외양간이 들어설 경우 가축의 똥오줌 냄새가 상품에 스며들어 상품의 가치를 떨어뜨릴 우려가 있다. 창고에 보관하는 상품이 무엇이든 나중에 발생할 수 있는 문제를 생각한다면 처음부터 창고 아래층에 그러한 업종이 들어서지 않도록 막아야 했던 것이다.

그런데 "다만 와인이 저장된 창고 아래층에는 염색집이나 빵집을 여는 것이 허용된다. 그러나 외양간을 만드는 것은 이 경우에도 용납되지 않는다"고 한 것은 무슨 이유일까? 그 이유는 고대 팔레스티나산(產) 와인은 신맛이 강해서 좀처럼 순한 맛을 낼 수 없었는데 창고 아래층에 염색집이나 빵집이 있을 경우 그 열에 의해 와인의 숙성이 촉진되어 그 품질을 개선할 수 있었기 때문이다. 이는 곧 상승효과를 기대할 수 있는 것들을 규제 대상에서 제외시켰을 뿐만 아니라 더욱 적극적으로 이용할 것을 장려했다는 의미다.

공공 이익이라는 것을 늘 염두에 두고 있으면 무슨 일이든 이익이 되는 측면과 손해가 되는 측면 모두를 고려하여 갖가지 규제와 활용 방법을 사전에 고안해낼 수 있다. 또 그런 방향성을 명시해야만 사람들은 안심하고 활동할 수 있다. 공공 이익을 최우선으로 하는 사상이야말로 더불어 사는 사회를 만드는 기본적인 사고방식인 것이다.

생육하고 번성하여 공동의 이익이 되게 하라

『탈무드』에서는 "법은 개인의 권리를 옹호하나 결코 개인의 권리가 공공의 이익에 우선하는 것은 아니다"라고 가르친다. 이를 앞에서 인용한 『미쉬나』의 구절과 관련시켜 설명해보면 다음과 같다.

우선 랍비들은 개인에게 평온한 삶을 영위할 권리가 있다고 말한다. "세입자가 안뜰에 가게를 차릴 경우 안뜰을 공유하는 집주인은 '출입하는 사람들 목소리 때문에 잠을 잘 수가 없다'고 항의할 수 있다. 따라서 안뜰에 있는 가게에서 물건을 만드는 자는 반드시 그 물건을 시장에 나가서 팔아야 한다"고 말한 것은 그와 관련된다.

고대 도시에서는 한 가구만이 살고 있는 주택이 거의 없었다. 한 가구만이 살고 있는 건물의 대부분은 왕후 귀족의 저택이었고, 서민들은 비좁은 골목을 사이에 두고 옹기종기 모여 생활하고 있었다. 대개 길 바로 옆에 대문이 있었으며, 그 문을 열고 들어가면 4, 5평 정도의 안뜰이 있었고, 그 안뜰을 둘러싸고 3~6가구가 살고 있었다.

비좁은 안뜰에서 장사를 하는 가운데 불특정 다수의 사람들이 출입했기 때문에 안뜰을 공유하는 주민들은 소음에 시달릴 뿐만 아니라 치안에 있어서도 안심하고 생활할 수 없었다. 따라서 장사는 반드시 시장에 나가 해야 했으며 공유하고 있는 공동주택에서의 장사는 엄격히 금지되어 있었다. 이것이 바로 주거와 주택에 관한 『탈무드』의 첫 번째 판단이었다.

그러나 공동주택이라고는 하나 그곳은 개인에게 있어서 생존을 위한 곳이기도 하다. 따라서 안뜰을 공유하는 집주인이 "망치 소리가 시끄러워 잠을 이룰 수 없다"거나 "절구 소리가 요란해서 잠을 이룰 수 없다고 항의해서는 안 된다"고 『탈무드』는 명한다. 개인의 생산권을 제한하는 것에 반대했던 것이다.

또 『탈무드』가 "갓난아이의 울음소리가 시끄러워 잠을 이룰 수 없다고 항의해서는 안 된다"고 명한 배경에는 확대 재생산을 적극적으로 장려하는 유대 민족의 사상이 깔려 있다.『성경』또한 "생육하고 번성하여 땅에 충만하라"고 명하며 확대 재생산을 지향해왔다.

하나의 구멍

많은 사람들이 한 배를 타고 바다 위를 나아가고 있었다. 그런데 어떤 남자가 갑자기 자기가 앉아 있는 배 밑바닥에 구멍을 뚫고 있는 것이 아닌가. 놀란 사람들이 아우성치며 말렸지만 그는 "여기는 내 자리이니 내가 무엇을 하든 내 자유요."라고 말하며 계속 배 밑바닥에 구멍을 뚫었다. 얼마 지나지 않아 배는 바닷속으로 가라앉았고, 모두가 물에 빠져 죽고 말았다.

··· 탈무드 실천법 27

만장일치로 결정된 것은 무효다

모름지기 하늘을 위해 전개되는 논쟁은 최종적으로 불후의 명작이 된다.
그러나 하늘을 위해 전개되지 않는 논쟁은 최종적으로 아무것도
남기지 못한다. 어떠한 것이 하늘을 위한 논쟁인가? 그것은 힐렐의
샴마이의 논쟁이다. 하늘을 위하지 않는 논쟁이란 무엇인가?
모세에 대한 고라(Korah)와 그 일당의 논쟁이다.

미쉬나 「아보트」편, 5·17

모든 가능성을 끝까지 모색한 후 최선의 안을 채택한다

『탈무드』의 규정에 의하면 살인죄에 해당하는 범죄 재판에 있어서 사건을 심리하는 재판관 중 적어도 한 사람은 처음부터 피고의 무죄를 변론하도록 되어 있다. 그 이외의 재판관들 또한 처음에 피고의 유죄를 주장했더라도 심리 도중 자신의 견해를 뒤집어 피고의 무죄를 주장할 수 있었다. 그러나 처음에 피고의 무죄를 주장한 재판관이 도중에 유죄를 주장하는 것은 금지되었다.

따라서 사형이라는 극형을 언도할 때 재판관의 만장일치로 무죄 판결이 내려질 수는 있었지만 만장일치로 피고의 유죄를 결정하는 일은 절대로 있을 수 없었다. 즉 사형 판결을 내릴 경우 재판관의 만장일치로 결정된 사형은 무효라고 정해져 있었던 것이다.

그 까닭은 재판에 대해서는 언제나 두 가지 견해가 있어야 한다고 생각했기 때문이다. 한 가지 의견밖에 나오지 않을 경우 공정한 재판이 되지 못할 우려가 있다고 생각한 것이다.

만장일치가 이상적인 것이라 할지라도 유대인들에게는 현실적으로 만장일치가 거의 불가능하다. 그뿐만 아니라 유대인들은 '의견이란 대립하는 것'이라는 생각을 전제로 하여 논의를 한다. 그것도 A안에 대해 B안이 있다고 하는 양자 대립이 아니다. B안이 나오기가 무섭게 즉각 그것에 반대하는 C안이 나온다. C안에 대해서는 또 다른 각도에서 D안이 제시된다. 이렇게 제시되는 의견은 끊임없이 이어진다. 모든 가능성을 끝까지 모색한 후에 그들은 최선의 안을 채택한다. 또는 제한 시간이 거의 끝나가는 시점에서 최후에 남은 두 개의 안 중 하나를 채택한다.

토론은 찬반이 아니라 자유로운 의견을 제시하는 것

그렇다면 왜 유대인은 의견 대립이 존재한다는 것을 전제로 하여 논의나 토론을 전개해가는 것일까? 이 의문에 대한 답은 앞에서 제시한 "모름지기 하늘을 위해 전개되는 논쟁은 최종적으로 불후의 명작이 된다"에 잘 나타나 있다. 그 예로서 「아보트」편은 힐렐과 샴마이의 논쟁을 소개하고 있다.

1세기 전후에 활약한 유대의 2대 현인은 역시 힐렐과 샴마이다. 힐렐은 "평화를 사랑하고 평화를 추구하며 사람들을 사랑하라"고 가르쳤고, 샴마이는 "말을 삼가고 크게 실행하라"고 기르쳤다. 힐렐은 율법을 유연하게 적용하는 편이었고 샴마이는 대단히 엄격했다.

그러나 "안식일 직전에 항해해도 되는가" 하는 문제에 대해 힐렐은 절대로 있을 수 없는 일이라고 경고한 반면 샴마이는 일몰 전에만 귀항할 수 있다고 안식일 직전의 항해도 인정했다.

왜 이 부분에 있어서만큼은 힐렐은 엄격파, 샴마이는 유연파로 바뀐 것일까? 그 배경에는 두 사람이 살아온 환경의 차이가 있다. 상인 출신인 힐렐은 민법 해석에는 대단히 탄력적이고 유연한 편이었지만 기술 분야에 대해서는 이해의 폭이 좁았다. 한편 장인 출신인 샴마이는 상법 해석에 있어서는 대단히 엄격했지만 기술 분야에 있어서만큼은 기술자 자신들의 판단을 존중했다.

『탈무드』가 말하는 '하늘을 위해'란 공공 이익과 사회복지를 위하는 것이라고 볼 수 있다. 사회에 공헌할 수 있는 일, 많은 사람들에게 도움이 되는 것이라면 끊임없이 자신의 의견을 제시해야 한다. 또 사회 전체에 이익을 가져다준다고 확신할 수 있는 발언이라면 절대로 타인에게 자신의 의견을 양보하지 않을 정도의 기개도 있어야 한다. 설령 쌍방이 서로 양보하지 않아 합의점을 찾아내지 못하더라도 공공 이익을 위한 의견들은 오래도록 사람들의 귀감이 되는 것이다.

그와 대조적으로 정치 세력의 확장을 노리고 예언자 모세를 상대로 반란을 일으킨 고라(Korah)와 그 일당이 제기한 이의는 하늘을 위한 논쟁이 아니었다. 파벌 확장과 관련된 대립은 엄히 삼가야 한다고 『탈무드』는 경고한다. 파벌 확장을 위한 의견 대립과 사회를 위한 의견 대립은 엄격히 구별하기 때문에 전자는 부정하고 후자는 긍정하는 것이다.

논의나 토론의 장(場)이라고 하는 것은 찬반양론으로 갈리는 자리가 아니라 서로 부담 없이 다양한 의견을 제시하는 자리다. 찬반을 논하는 것이라면 어느 한쪽을 선택하기만 하면 된다. 그러나 이의를 제기하기 위해서는 자기 자신의 껍데기를 깨고 과감히 밖으로 나올 필요가 있다.

일단 자신의 틀을 깨고 나오면 자유롭게 이동할 수 있기 때문에 다양한 시점에서 새로운 의견을 끊임없이 제시할 수 있다. 그리고 그 새로움이 창조적 아이디어를 창출해내는 원천이 되는 것이다.

젊은 사람부터 발언해야 발전한다

유대인이 두 사람이 모이면 세 가지 의견이 나오고 세 사람이 모이면 다섯 가지, 아니 일곱 가지 의견이 나온다는 이야기가 있다. 그들은 자신이 발언하는 도중에도 머릿속으로는 또 다른 가능성을 타진하고 있다. 이러한 사고방식은 유대인이라면 누구나 갖고 있는 공통점이다.

원칙적으로, 유대인 사회에서는 젊은 사람부터 순시대로 발언권을 준다. 그 원형은 고대 유대 대법원이라 할 수 있는 산헤드린(Sanhedrin, 신약 시대까지 예루살렘에 있었던 고대 유대인의 최고 의결 기관)이다. 『탈무드』는 "산헤드린에서는 사건 심리 때 젊은 법관부터 순서대로 발언해야 한다"고 명한다.

젊고 미숙하다는 이유로 선배나 장로 앞에서 사양하거나 미안해할 필요는 없었다. 오히려 젊기 때문에 더욱 기발한 아이디어나

새로운 접근 방법을 도출할 수 있다고 여겼다. 또 젊은 생각을 차단해버린다면 진보도 출구도 없다고 생각했다.

따라서 연장자나 장로는 젊은 사람들의 발언을 공평하게 평가하는 분별력을 발휘하여 최후에 발언해야 된다. 이와 같은 사회적 풍토가 오늘날까지도 유대인들 사이에서 활발한 논의와 의견이 유감없이 개진될 수 있는 원천이 된 것이다.

보통의 유대인과 명석한 유대인의 차이는 전자가 생각나는 대로 말하는 데 비해 후자는 충분히 음미하지 않고서는 절대 입을 열지 않는다는 점이다. 유대인들 사이에서 '침묵이 금'이 되는 이유는 다양한 아이디어를 심사숙고하고 마지막에 무게 있는 발언으로 대중을 단숨에 사로잡기 때문이라 할 수 있다.

미국 유학 시절에 교수와 학생 들이 모두 모인 자리에서 한 교수가 필자에게 첫 번째로 의견을 제시하라고 말했다.

"훌륭하신 교수님들을 제쳐놓고 저같이 부족한 사람이 어떻게 먼저 의견을 말하겠습니까. 저는 그만한 그릇이 못 됩니다."

그렇게 말하며 정중히 사양하자 교수는 말했다.

"여기는 미국이다. 겸손은 필요 없어. 미국에서는 20대에서 50대까지는 나이로 구별하지 않아. 물론 60대 중반이 지난 사람은 연장자로서 존경하지. 그 이하는 나이와 상관없는 실력의 세계다. 그 사람이 과연 무엇을 할 수 있는지가 중요하다. 사양할 필요 없어. 기회가 올 때마다 자신의 의견을 확실하게 발표하는 것이 중요해. 자, 발표해라."

학문의 세계에서 진리 앞에 나이는 무의미하다. 정치 세계에서 또한 정책과 확실한 비전과 지도력이 연장자의 권위를 초월한다. 비즈니스 세계에서는 새로운 아이디어 및 시장의 흐름을 읽어내는 판단력과 행동력이 기존의 시장을 파괴하는 가운데 새로운 시장과 새로운 부를 형성해간다.

유대인의 피를 이어받는 조셉 슘페터는 '창조적 파괴'라는 말을 최초로 제안했다. 그런데 슘페터가 말한 '창조적 파괴'를 실현하기 위해서는 우선 '평등'에 대한 인식과 자각이 당사자에게 있어야 한다.

연장자로서 존경받는 나이가 될 때까지는 누구나 평등하다. 평등하기에 젊은 사람으로서는 연장자와 똑같은 참가의 기회를 가질 수 있고, 기성 권위에 대한 부정이나 기존 질서에 대한 무시도 가능하다.

창조적 파괴는 결과적인 것이며 창조를 위해 파괴하는 것도 파괴를 위해 창조하는 것도 아니다. 기존의 것에 대한 겸손한 자세나 배려 없이 오로지 새로운 것만을 추구한다면 결국 주변에 있는 기존의 모든 것을 모조리 붕괴해버리는 결과를 낳을 것이다.

'기존의 것에 대한 겸손한 자세'라는 말에는 선배나 주위 사람들의 인격을 절대 무시해서는 안 된다는 의미가 함축되어 있다. 『탈무드』 또한 "그 어떤 사람도 경멸해서는 안 된다"고 가르친다. 개인적인 인격의 존엄성과 존재 의의는 그 어떤 사람에 의해서도 박탈될 수 없으며 침해당해서도 안 된다는 말이다.

사형

사형을 언도할 경우, 판사들이 만장일치로 판결한 경우는 무효다. 그 까닭은 재판에서는 언제나 두 가지 견해가 있어야지 한쪽의 의견밖에 나타나지 않는다는 것은 공정한 재판이 아니라는 생각에서이다. 특히 사형이라는 극형을 언도할 때만큼은 모두의 의견이 일치하면 사형을 언도할 수 없다는 규정이 있다.

··· 탈무드 실천법 28

휴식이야말로 생산의 동력이다

밭을 친구로부터 몇 년 동안 빌린 자는 그 밭에 아마(亞麻)를
재배해서는 안 된다. 또 무화과나무나 뽕나무 가지가 자라도록
해서도 안 된다.
그러나 그 밭을 7년간 빌린 자는 첫해에 아마를 재배해도
상관없으며 무화과나무나 뽕나무 가지가 자라도록 해도 좋다.
미쉬나 「바바 메치아」편. 9·9

임차 목적 이외의 작물을 재배해서는 안 된다

『탈무드』는 토지든 물건이든 그것을 이용할 때 당초의 사업 목적 외에 다른 목적으로 이용해서는 안 된다고 명하고 있다. 우리는 흔히 남에게 밭을 빌릴 경우 그것을 어떻게 사용하든 빌리는 사람의 마음이라고 생각하기 쉽다. 그러나 유대법은 계약에 명기되어 있는 목적에만, 또는 일반 상식으로 볼 때 정당하다고 판단되는 목적에만 밭을 사용하도록 명하고 있다.

임차 목적 이외의 목적으로 밭을 이용하는 것은 유대법이 금지하는 것으로 다음의 인용문이 그것을 명확하게 보여준다.

> 보리를 재배한다는 조건으로 밭을 빌린 자는 그 밭에 밀을 재배해서는 안 된다. 그러나 밀을 재배한다는 조건으로 밭을 빌린 것이라면 보리를 재배해도 상관없다. 다만 라반 시몬 벤가마리엘은 이를 금지했다. … 미쉬나 「바바 메치아」편, 9·8

랍비들은 보리 재배용으로 빌린 밭에 밀을 재배하는 것이 토지의 생산력을 떨어뜨리기 때문에 계약 위반이라고 했다. 그와 반대인 경우는 토지의 생산력을 더욱 높이기 때문에 계약 위반이 아니라고 판단했다. 그러나 벤가마리엘은 어느 경우도 계약 내용과 일치하지 않기 때문에 위반이라고 주장한다. 『탈무드』의 관점에서 보면 엄밀히 말해 벤가마리엘의 견해가 옳다고 봐야 할 것이다.

7년째 되는 해는 토지를 쉬게 하라

앞서 인용해놓았던 『탈무드』의 다음과 같은 규정은 사업을 시작할 때 그 사업이 환경에 미치는 영향까지 고려한 것이라 볼 수 있다.

밭을 친구로부터 몇 년 동안 빌린 자는 그 밭에 아마(亞麻)를 재배해서는 안 된다. 또 무화과나무나 뽕나무 가지가 자라도록 해서도 안 된다.
그러나 그 밭을 7년간 빌린 자는 첫해에 아마를 재배해도 상관없으며 무화과나무나 뽕나무 가지가 자라도록 해도 좋다.

아마는 성장이 매우 빠르기 때문에 그만큼 필요 이상으로 토지의 영양분을 빼앗아간다. 그 때문에 아마를 재배하면 급속도로 토지가 황폐해지고 임대 기간이 끝난 시점에서 토지의 상품 가치가 저하될 우려가 있다. 그래서 아마 재배는 엄격히 금지되고 있다.

또 무화과나무, 뽕나무는 가지를 넓게 치는 특성이 있기 때문에 농작물에 피해를 줄 우려가 있다. 그렇다고 그 가지를 잘라버리면 본래대로 가지를 회복시키기 어려울 뿐만 아니라 무화과나무, 뽕나무의 성장을 저해할 우려가 있다.

이렇듯 『탈무드』가 환경에 대한 배려를 강조하는 것은 "토지의 이용자는 모름지기 토지를 7년마다 원상회복시키지 않으면 안 된다"고 하는 『구약성경』의 '휴경(休耕) 사상'이 있기 때문이다. 이것은 빌린 사람뿐만 아니라 땅 주인에게도 적용된다(「탈출기」 23장 10~11절, 「레위기」 25장 1~7절 참조).

이는 "6일 동안 일하고 7일째 쉰다"는 안식일(Shabbath) 규정과 같은 규정으로, 7년째 되던 해에 모든 농사일을 쉬고 땅도 쉬게 함으로써 체력과 지력(地力)을 증진시키고자 하는 제도다. 이로써 가축 또한 노동으로부터 해방되어 체력을 회복할 수 있고 더불어 야생동물의 서식지도 보호된다.

때문에 7년째가 되는 해에 일체 토지에 인위적 조작을 가하지 않는다. 그렇게 함으로써 인간과 자연 모두가 본래의 생산력을 회복하여 다음 6년 동안 생산활동이 더욱 촉진될 수 있었던 것이다. 관리자에 주어진 가장 중요한 책임 중 하나는 그에게 맡겨진 자원을 합리적으로 관리하고 보전하는 것이다. 따라서 인간이 자연의 관리자라면 자연을 잘 보전할 막중한 책임을 지닌다.

『성경』은 물론 『탈무드』도 원상회복시키는 것을 조건으로 토지 이용을 허락한다. 7년 계약의 경우라도 계약 기간 중 휴경년이 돌아오면 반드시 토지를 쉬게 해야 한다. 그리고 7년 계약자에 대해서는 계약 조항에 기재되어 있지 않더라도 아마 재배나 무화과나무, 뽕나무의 가지치기를 인정하고 있다. 만약 원상회복이 곤란하다고 예상되는 경우는 계약 자체가 무효다.

미국이나 유럽의 각 대학에서 교수에게 7년마다 사바티칼(Sabbatical)이라는 유급 휴가를 주는 것도 이와 비슷하다. 사바티칼 동안 교수들은 해외 대학이나 연구 기관에서 다른 학자들과 교류하며 두뇌를 쉬게 하고 보다 발전된 학문 연구의 기회를 갖는다. 교수를 농부로 보고 교수의 두뇌를 밭이라 한다면 교수 또한 7년마다 휴강(休耕)이 필요한 것이다.

숫자 '7'

 유태인에게 '7'이라는 숫자는 매우 중요하다.
첫째, 일주일 중에는 7일째에 안식일이 온다.
또한 7년째 해에는 밭을 갈지 않고 묵혀 쉬게 한다.
그리고 49년째 되는 해는 대단히 경사스런 해로, 이 해에는 밭을 갈지 않고 묵히며, 남에게 빌린 돈도 채무가 소멸된다.

··· 탈무드 실천법 29

벼랑 끝에 선 자가 성공을 향해 뛰어든다

늑대 한 마리가 가축을 습격한 경우는 불가항력의 사고라 인정할 수
없다. 그러나 늑대 두 마리의 습격은 불가항력이다. 그런데 랍비 유다는
"늑대떼 중에서 한 마리만 습격해와도 불가항력이다"라고 말하기도 한다.
개 두 마리의 습격은 불가항력의 사고라 인정할 수 없다.
이와 관련하여 바빌로니아 출신 야두아라는 사람은 랍비 메일의
말을 인용, "두 마리의 개가 한쪽 방향에서 급격해온 경우는
불가항력의 사고로 인정하지 않지만, 양쪽 방향에서 습격해오는 경우는
불가항력이다"라고 말한다.
완전무장한 도적떼의 습격은 불가항력의 사고다. 또 사자, 곰, 표범,
구렁이에 의한 사고도 불가항력이다. 단 도적떼나 그 짐승들이
먼저 습격해왔을 때만 불가항력으로 인정된다. 만약 양치기가
야수의 무리나 강도들이 몰려 있는 곳으로 가축을 데리고 들어간다면
불가항력의 사고로 인정할 수 없다.
미쉬나 「바바 메치아」편, 7·9

성공한 유대인의 공통점은 무일푼으로 과감히 뛰어든 것이다

유대 민족을 부자가 많은 민족이라고 말하는 사람들이 많다. 확실히 유대인 중에는 부유한 삶을 누리는 자가 적지 않지만 대부분의 유대인은 보통의 생활을 하고 있다.

개중에는 가난에 허덕이는 자 역시 적지 않다. 그래서 빈곤한 가정의 자녀들 중에는 세계를 떠돌며 성공의 기회를 노리고 있는 사람이 많다. 세계 각 도시의 번화가에서 액세서리를 팔고 있는 외국인의 대부분은 가난한 도시 출신의 유대인들이다.

그러나 우리가 여기서 주목해야 할 점이 하나 있다. 그것은 갑부가 된 유대인치고 극한 빈곤 상태에서 시작하지 않은 사람이 없다는 사실이다. 투자가 조지 소로스는 헝가리에서 미국으로 이민 갈 당시 돈 한 푼 없는 신세였다. 인텔 회장이었던 앤디 그로브도 헝가리에서 빈털터리로 미국에 이주한 사람이다. 또 로스차일드는 조실부모하고 무일푼으로 사업을 일으켰다.

마이크로소프트의 창립자의 한 사람인 폴 앨런이나 영화감독 스티븐 스필버그 등 특출한 재능으로 성공한 천재들을 제외하면 유대인으로서 성공한 사람의 대부분은 말 그대로 무일푼에서 출발했다.

극히 절망적인 상태에 직면한 자, 또는 벼랑 끝에 아슬아슬하게 서 있는 자는 살아남기 위해 본능적으로 보다 비옥한 땅을 찾아 과감하게 뛰어내린다. 그것이 극도로 궁핍한 생활에서 탈출하는 자들의 공통점이다.

여기서 중요한 것은 마음의 여유, 마음의 지성이라고 하는 감성 지수(Emotional Quotient)다. 극한 혼란 상태에 빠지면 신체는 균형을 잃고 결국 낭떠러지로 추락하고 만다. 그러나 마음에 여유가 있으면 벼랑 위에서도 사방을 둘러보며 상황을 살필 수 있다. 또 마음의 여유는 삶에 대한 강한 의지라고 해도 과언이 아니다. 기필코 살아남겠다는 불굴의 의지가 주위의 상황을 객관적으로 관찰할 수 있는 여유를 갖게 해주기 때문이다.

약자일수록 위기관리 능력을 키워라

유대인의 경우 '위기관리를 위한 모의실험(Simulation Program)'이 성공을 위한 요소에 추가된다. 모의실험의 기원은 그들의 조상이 유랑 유목민이었다는 데 있다.

유대인의 조상은 기원전 2000년경부터 기원전 1700년경에 걸쳐 메소포타미아와 이집트 사이를 왕래하며 무역에 종사하면서 유목도 겸하고 있었다. 당시 유목민은 지주 등 자산가의 양이나 염소를 맡아 방목하고 그 대가로 매년 가축이 증식한 만큼의 보수를 받았다.

고대 메소포타미아 율법, 예컨대 『함무라비』 법전에 "양치기는 자신이 맡은 가축의 보전에 대하여 전적으로 책임을 져야 하며, 사자의 습격 등 불가항력의 사고를 제외한 가축 피해에 대해서 반드시 보상해야 한다"는 의무 규정이 명시되어 있다. 그러나 사자 이외의 경우는 어떻게 하는가에 대해서는 명문화된 규정이 현재 남아 있지 않다.

동서고금을 막론하고 부자나 권력가의 주장은 우선시되고 약자는 울며 겨자 먹기로 무작정 참는 것이 세상의 관례처럼 되어 있다. 이런 상황에서 약자는 출세하기 어렵다. 그 옛날 지역 공동체의 구성원이 아닌 이방인이나 유랑민이었던 유대인 조상들 또한 약자의 입장에 있었기 때문에, 그들은 사고가 일어난 경우 약자가 어디까지 책임을 져야 하는지에 큰 관심을 가졌다. 그 한 예가 앞에서 제시한 늑대의 습격에 관한 내용이다. 위기관리를 위한 모의실험인 늑대의 습격과 관련된 사고방식은 권세와 권력을 휘두르는 오만한 강자로부터는 절대 나올 수 없는 발상이다.

위기관리 1단계 :
다른 유사한 사건에 적용시켜라

"늑대 한 마리가 가축을 습격한 경우는 불가항력의 사고라고 인정할 수 없다. 그러나 늑대 두 마리의 습격은 불가항력이다." 이것은 곧 사자의 습격이 불가항력의 사고로 인정된다면 같은 맹수인 늑대의 습격에 의한 가축 피해도 양치기의 책임이 아니지 않는가 하는 문제를 제기하고 있다.

늑대는 사자보다 몸집이 작고 그 움직임 또한 반드시 인간을 압도하는 것은 아니다. 때문에 늑대는 인간이 충분히 물리칠 수 있다. 그렇게 생각하면 늑대의 습격에 대해 양치기는 책임을 져야 한다.

그러나 늑대가 두 마리 이상 습격해온 경우는 어떠한가? 사나운 늑대 두 마리가 양쪽에서 덮쳐온다고 했을 때 양치기의 수비력은 분산되고 양들을 늑대로부터 보호할 수 없을지도 모른다. 따라서 늑대 두 마리가 습격해온 경우는 불가항력으로 인정해야 한다.

참고로 말하자면 히브리어의 명사는 단수형, 양수형(兩數形), 복수형의 세 가지 형태를 가지고 있다. 거기에는 히브리어의 독특한 의식구조가 있다. 사물의 형상이 하나인가, 둘인가, 아니면 셋 이상인가에 따라 대응 방법이 다르다고 하는 사고방식이다.

이러한 유대인의 사고방식은 비단 위기 대책에만 적용되는 것이 아니다. 유대인은 늘 시야를 넓히기 위해 눈앞의 현상이나 과제를 다른 유사한 사건에 적용시켜본다. 즉 유사한 사건을 놓고 같은 논리를 펼치는 가운데 같은 판단을 내리는 것이 타당한지 검토해보는 것이다. 그와 마찬가지로 사물을 수량적으로 정확하게 파악하는 것도 필요하다.

위기관리 2단계 :
위험 요인을 정확히 파악하라

그렇다면 적(敵)의 수량만 정확히 파악하면 충분한가. 그렇지 않다. 양적인 파악과 더불어 상황 전개에 대한 점검도 필요하다. 위험 요인이 어떻게 분산되어 있는가에 따라 대응 방법도 달라지기 때문이다.

『탈무드』의 체계가 형성되기 시작한 2세기 중반 무렵 팔레스티나의 유대 사회에서 꽤 영향력이 있었던 랍비 유다는 사물을 수평 방향으로만 볼 것이 아니라 위에서 전체적으로 내려다보는 것이 중요하다고 지적했다.

랍비 유다는 "늑대떼 중에서 한 마리만 습격해와도 불가항력이다"라고 말했다. 직접 습격한 것이 늑대 한 마리일지라도 그 배후에 다수의 늑대들이 도사리고 있다면 그 위협에 눌려 양치기는 꼼짝없이 당할 수밖에 없기 때문이다.

여기서 늑대뿐만 아니라 들개의 습격에 대해서도 같은 판단이 가능한가 하는 새로운 의문이 제기된다. 이에 대해『탈무드』는 랍비 메일의 말을 인용하여 들개가 두 방향 이상에서 두 마리 이상 습격해온 경우 불가항력이라고 한다.

이 추론을 더욱 발전시키면 '한 마리 늑대 → 두 마리 늑대 → 늑대 무리 → 들개 → 완전무장한 도적떼'라는 식으로 위험 요인의 폭이 점점 넓어져간다. 양치기 한 사람의 책임 범위를 훨씬 뛰어넘는 상황이 늘어나는 것이다. 이러한 논리로 도적떼, 사자, 곰, 구렁이 등의 습격 또한 불가항력으로 인정되며 양치기는 그에 대해 책임지지 않아도 된다. 이렇듯 유대인들에게는 추론을 통해 위험 요인이 무엇인가를 정확히 파악하는 것이 위기관리를 위한 필수 요소였던 것이다.

위기관리 3단계 :
위험 영역에는 절대로 출입하지 말라

『함무라비』법전은 메소포타미아의 부유층이나 상인 사회를 배경으로 만들어졌기 때문에 시민들 사이의 소송에 관한 법령은 매우 상세하고 구체적이다. 그러나 양치기의 일과 관련된 내용은 대략적인 규정밖에 남아 있지 않다. 그 반면 유대법에는 약자의 책임 범위에 관한 규정이 상세하게 수록되어 있다. 법 제정자의 입장에 따라 같은 문제라도 그 대응 방법이 달랐던 것이다.

그러나 두 법은 사고에 대해 반드시 책임을 져야 한다는 점에서 일치한다. 때문에 위험한 것이 무엇인지 사전에 확실히 파악해두고 문제가 생겼을 때 책임의 범위를 명확히 해야 한다. 다른 한편 확실히 파악된 위험 영역에는 절대로 접근하지 않는다는 것을 첫 번째 원칙으로 삼아야 한다. 『탈무드』에서 "야수의 무리나 강도들이 몰려 있는 곳으로 양치기가 가축을 데리고 들어간다면 불가항력의 사고로 인정할 수 없다"고 말한 것은 그 때문이다.

유대 사회에서 '예측할 수 없었다'는 사고방식은 특별한 경우를 제외하고 용납되지 않으며, 위험 가능성을 모두 점검하여 그 가능성이 있는 곳에 접근하지 않은 자만이 면책 대상이 될 수 있다.

당신이 현재 직면해 있는 '늑대'란 무엇인가? 그것은 한 마리인가, 두 마리인가, 아니면 그 이상인가? 늑대 외에 잠재적인 위험 요인은 없는가? 작은 개 한 마리이기 때문에 덤벼들어도 괜찮을 것이라고 방심하고 있지는 않은가? 만약 두 방향 이상으로 위험 가능성이 있다면 그만큼 주의력과 저항력도 분산되어 치명적인 결과가 초래될 수도 있지 않은가? 특히 급박한 상황일 경우라면 한 가지 위험 요인일지라도 그 배후에 더 많은 문제나 위협이 도사리고 있을 가능성은 없는가? 이렇게 유대인들은 생각할 수 있는 모든 위험 요인을 하나하나 찾아내고 최대한 그것들을 예방해왔던 것이다.

그것이 무슨 문제인가?

어느 날, 텝예는 위의 통증 때문에 의사를 찾아갔다. 의사는 한참 생각하더니 심각한 표정으로 그가 암에 걸렸다고 알려주었다.

텝예는 쾌활하게 말했다.

"제가 건강한 한 암쯤은 아무것도 아닙니다!"

··· 탈무드 실천법 30

지혜로운 자를 먼저 구출한다

남자는 여자보다도 먼저 소생시켜야 한다.
남자가 잃은 재산 또한 여자가 잃은 재산보다
먼저 회복되어야 한다. 그러나 포로로 잡힌 사람을 구출할 경우
여자는 남자보다 먼저 알몸을 가려야 하고, 먼저 구출되어야
한다. 그러나 남녀 모두 성적인 학대를 당하는 현장에서는
남자를 여자보다 먼저 구출하지 않으면 안 된다.

미쉬나 「호라요트」편, 4·7

형식적으로는 남자 중심, 실질적으로는 여자 중심

유대 민족은 인명 구조에 있어서도 세계에서 가장 먼저 그 규칙을 정한 민족이다. 『탈무드』를 위시하여 유대교의 경전이나 법전에는 인명 구조에 관한 여러 가지 원칙이 상세하게 기록되어 있다. 이는 그들이 오래 전부터 생명에 위협을 받으며 살아온 민족이라는 이야기다.

『미쉬나』의 「호라요트(결정 방법)」편 마지막 부분에는 인명 구조의 우선순위와 관련된 상세한 내용이 실려 있다. 죽음에 임박한 자를 소생시켜야 할 상황에서는 남자를 우선시했다. 이것은 고대 유대 사회가 남자 중심 사회였고, 사회의 정식 구성원으로서의 자격이 남자에게만 주어졌으며, 종교·정치·경제 등 유대 사회의 공동 의사 결정 및 전쟁 등의 군사 훈련에 남자들만 참여할 수 있었기 때문이었을 것이다.

재산 소유권에 있어서도 여자보다 남자를 우선시한 것은 토지의 상속권이 남자에게만 주어졌기 때문이다. 그러나 인질이나 포로로 잡혔을 경우에는 남자보다 여자를 먼저 구출했다. 육체적으로 강한 남자는 자력으로라도 탈출하는 것이 가능하지만 여자는 신체적으로 약하기 때문에 맨 먼저 보호했던 것이다. 여자의 알몸을 우선적으로 가리는 것도 같은 이유다.

그러나 유대인의 남녀가 타민족으로부터 성적인 학대를 받을 위험이 있는 현장에서는 여자보다 남자가 우선적으로 구출된다.

그 이유는 유대인의 남자가 하나님과의 신성한 계약의 상징으로 할례를 했기 때문이다. 신성한 의식을 치른 남자의 성기가 이교도에 의해 짓밟히는 것을 그들은 한시도 간과할 수 없었던 것이다.

그러나 실제로 그러한 상황에 직면했을 때 남자는 온 힘을 다해 저항할 수 있지만 여자는 저항하기가 보다 힘들기 때문에 맨 먼저 구출한 쪽은 역시 여자였다.

인질을 구출할 때는 남자보다 여자 먼저

저항이라는 측면에서 볼 때 아버지와 어머니가 인질로 잡혔을 경우 당연히 어머니를 먼저 구출해야 한다. 『탈무드』는 실제로 그와 같이 규정하고 있다. 그렇다면 남자들만 인질로 잡혔을 때는 어떻게 되는가.

「호라요트」편 3장 8절에 따르면 "제사(祭司)는 랍비보다 우선되고, 랍비는 이스라엘 일반 시민보다 우선되고, 이스라엘 일반 시민은 혼혈아보다 우선되고, 혼혈아는 라틴인보다 우선되고, 라틴인은 개종자보다 우선되고, 개종자는 해방 노예보다 우선되다"라고 구출의 우선순위를 정하고 있다.

여기서 제사는 신에게 봉사하는 최고위급 사제(司祭)이고, 랍비는 신전의 모든 일을 담당하는 제관(祭官)을 말한다. 이스라엘 시민은 조상 대대로 유대교도인 사람들을 말하며 혼혈아는 이스라엘 시민인 아버지와 이교도 출신인 어머니의 사이에서 태어난 자다. 라틴인은 그들의 조상이 요슈아(Joshua) 시대에 이스라엘에 항복하고 신전에서 물 긷는 일이나 나무 나르는 일 등 잡일을 도맡아 하게 된 가나안(Canaan)인을 말한다. 또 개종자는 유대교로 개종한 지 얼마 안 된 자로서 완전한 시민권을 아직 얻지 못한 자이며 해방 노예는 노예에서 막 풀려난 외국인으로 아직 유대교로 개종하지 않은 자를 말한다. 다시 말해 하나님을 중심으로 하는 고대 이스라엘의 신정 정치 사회에서는 유대교로의 귀의 순서에 따라 계급이 정해지고 그 계급 순으로 구출되었던 것이다.

그렇다면 여자와 제사 중 어느 쪽을 먼저 구출해야 하는가? 이 경우 신분이 높은 제사가 아니라 역시 여자였다. 인질을 구출할 때에는 여자가 우선되었던 것이다.

평범한 대사제보다 지혜로운 자를 먼저 구출하라

유대인 사회에서는 예나 지금이나 계급을 초월하는 존재가 또 하나 있다. 그 존재는 학문과 관련된 사람이다. 『탈무드』에서는 다음과 같은 보충 조항을 명확하게 제시하고 있다.

"인명 구조에 있어서 그 우선순위를 제사, 랍비, 이스라엘 일반 시민, 혼혈아, 라틴인, 개종자, 해방 노예로 하는 것은 모두가 평등한 조건일 때다. 그러나 혼혈아지만 학문이 뛰어나고 지혜로운 자와 대제사이기는 하나 학문이 없는 자가 인질로 잡혔을 경우, 학문이 뛰어나고 지혜로운 혼혈아가 학문이 없는 대제사보다 우선적으로 구출된다."

히브리어의 '탈밋드 홋헴'은 『탈무드』에 정통한 자'를 뜻하는 말로 '배움을 통해 통찰력을 얻고 교만하지 않으며, 늘 겸허한 자세로 임하며, 어질고 지혜로운 자'를 일컫는다. 고대 유대 사회에서 '탈밋드 홋헴'은 세금이 면제되었다. 이러한 혜택이 돌아가는 것은 지혜로운 자야말로 사회 전체를 떠받치는 위대한 존재라는 사상이 깔려 있었기 때문이다.

『성경』의 규율에 의하면 당시 혼혈아는 10세대를 거치지 않으면 절대로 이스라엘 시민권을 얻지 못했다. 그러나 그런 차별을 받고 있는 자라도 유대교의 가르침이나 경전을 통해 유대인 이상으로 학식이 있고 지혜가 넘친다면, 아무리 명문 출신이라고 하더라도 평범한 지식밖에 없는 대제사보다 위기에서 우선적으로 구출됐다. 왜냐하면 학문과 지혜야말로 유대인 전체의 존속을 보장해주는 가장 소중한 보고(寶庫)로 생각되었기 때문이다.

오늘날에도 유대 사회에서 현인이나 학자는 최고의 권력가보다 더 존경을 받는 대상이다. 이것은 유대인들이 자랑할 수 있는 오랜 전통이다.

유대 격언에 "만약 당신이 살아남고 싶어도 먹고 마시고 춤추고 일하는 것에 의존해서는 결코 살아남을 수 없다. 오직 지혜를 가짐으로써 살아남을 수 있다", "지혜가 없는 자는 매사에 뒤진다"는 말이 있다. 인류 역사가 시작되는 순간부터 긴긴 방황과 핍박 속에서 살아온 유대 민족에게 있어서 지혜만이 삶을 지킬 수 있는 유일한 수단이며 도구였던 것이다.

지혜로운 자를 먼저 구하라

어떤 배에 상인과 학자가 타고 있었다. 상인은 배에 짐을 많이 싣고 있었지만, 학자는 빈 몸이었다. 이상하게 여긴 상인이 물었다.
"당신은 도대체 무엇을 팔아서 생활하고 있소?"
그러자 학자가 대답했다.
"세상에서 가장 뛰어난 것을 팔고 있지요."
"오호, 세상에서 가장 뛰어난 것이라, 그게 뭔가요?"
학자는 그 물음에서 대답하지 않았다. 그래서 상인은 학자가 자고 있는 사이에 학자의 주위를 조사해보았다. 역시 아무것도 나오지 않았다. 상인은 이상한 녀석이라며 학자를 비웃었다. 얼마 뒤 큰 사고가 일어났다. 배가 난파하여 상인의 짐이 모두 바다에 빠져버린 것이다. 승객들은 목숨만 겨우 건져 해안에 당도했다. 학자와 상인은 마을로 갔다. 그 마을에서 상인은 무시당했지만 학자는 큰 환영을 받았다. 학자의 훌륭한 지식 때문이었다. 그 뒤 학자는 지식 하나로 많은 재산을 모았다. 그것을 보고 상인이 말했다.

"당신의 상품은 역시 세계에서 가장 뛰어난 것이었소. 나는 모든 것을 잃어버렸지만 당신이 가진 것은 평생 사라지는 일이 없으니까."

... 탈무드 실천법 31

배우는 것 이상으로 실천한다

네 자신을 위해 위대해지려고 하지 말라. 명예를 추구하지 말 것이며, 네가 배우는 것 이상으로 실천하라.
왕후의 식탁을 동경하지 말라. 너의 식탁은 그들의 것보다 풍성하며 너의 관은 그들의 관보다 훌륭하리니. 그리고 네게 일을 주는 주인에게 충실하라. 그는 너의 노동에 보답할 것이다.
미쉬나 「아보트」편, 6·5

국제화하려면 일단 나가라

'인터내셔널(International)'이라는 말은 'inter—(사이, 가운데, 상호)'라는 단어와 'national(민족의, 국가의)'이라는 단어의 합성어다. 다른 민족끼리 서로 만나는 것이 국제화인 것이다. 타지 사람들끼리 서로 마주치는 자리, 바로 그곳이 국제적인 장소로 변모한다.

국제화는 외지 사람이 자신이 있는 곳으로 오거나 자신이 자발적으로 외지로 나가야만 가능하다. 국제화를 위해 자신이 외지로 가지 못한다면 자신이 몸담고 있는 마을이나 기업을 외국인이 많이 몰려드는 기업이나 장소로 바꿔야 한다. 그렇게 하기 위해서는 그 마을에 가야만 볼 수 있는 경치나 상품, 또는 그 기업에서만 입수할 수 없는 제품을 보유하고 있어야 한다. 그렇게 하기 위해서는 그 마을에 가야만 볼 수 있는 경치나 상품, 또는 그 기업에서만 입수할 수 없는 제품을 보유하고 있어야 한다. 스스로 외국으로 나가는 것 또한 국제화로 가는 행동이다. 외국에 나가는 방법을 굳이 어렵게 찾을 필요는 없다. 일단 나가면 되는 것이다. 영어를 몰라도 외국에 도착하는 순간 국제화에 참여하는 것이 된다.

소니를 세계적 기업으로 키운 창업자 모리타 아키오(盛田 昭夫)는 전혀 영어를 모른 상태에서 해외로 나갔다. 나가서 영어를 익혔다. 혼다자동차의 창업자인 혼다 소이지로(本田 宗一)도, 마쓰시타 전기의 창업자인 마쓰시타 고노스케(松下 幸之助)도 영어를 잘했기 때문에 해외로 나가 사업을 했던 것은 아니다. 일단 해외에 발을 내딛었기 때문에 영어도 사업도 가능했다. 그것이 그들에게 있어서 국제화로 향한 첫걸음이었다.

외국에 나가 잠자코 있으면 아무도 자신을 알아주지 않는다. 때문에 외국에서는 적극적으로 자기 자신을 알려야 하고 애매모호한 태도를 버린 상태에서 진심어린 논의를 해야 한다. 그 나라의 말을 모를지라도 모든 수단을 총동원해 자신의 의견을 상대에게 호소해보는 것이다. 이렇게 하는 것이 어설프게 외국어를 알고 있는 것보다 자신을 알리는 데 훨씬 도움이 된다.

실행하자. 그 다음에 듣자

우리들은 걸핏하면 국제화니, 글로벌화니, 정보화니 하는 말들을 섞어 쓰길 좋아한다. 이 말을 사용하면 마치 자신이 위대해지는 것 같은 착각에 빠지는 모양이다. 우물 안 개구리처럼 사는 사람들은 더더욱 이러한 말을 입버릇처럼 달고 다닌다.

국제화가 마치 '왕후의 식탁'처럼 보인다. 그러나 아무리 왕후의 식탁이 풍성하고 화려해도 그 요리를 만들고 준비하는 것은 요리사다. 훌륭한 요리사가 있기에 왕후의 식탁이 존재하는 것이다. '왕후의 식탁'과 관련하여 존경받아야 할 사람은 요리사이지 왕후가 아닌 것이다. 진정한 국제화를 목표로 한다면 왕후가 아닌 요리사를 목표로 해야 한다.

요리사가 되려면 우선 칼을 가는 법부터 익혀야지 조리법부터 익혀야 하는 것은 아니다. 『탈무드』에서 "네가 배우는 것 이상으로 실천하라"는 말은 실제로 일을 하면서 그 요령을 익히라는 것이다. 아무리 머릿속에 지식이 많아도 실천을 통해 경험을 쌓지 않으면 의미가 없기 때문이다.

유대인은 전 세계에 흩어져 살아가고 있는 가장 국제적인 민족이다. 그러나 그들의 정신적 기반이 되고 있는 『성경』이나 『탈무드』에는 국제인이 되기 위한 지침 따위는 단 한 줄도 기록되어 있지 않다. 그들은 생활의 필요에 쫓겨 세계 속으로 뛰어들었을 따름이다. 유대 격언에 "실행하자. 그 다음에 듣자"라는 말이 있다. 즉 먼저 행동하고 난 다음 올바르게 했는지 반성한다는 것이다.

낯선 땅에서 행동할 때 우선적으로 알아둬야 할 것은 그 땅에서 해서는 안 될 금지 조항들이다. 때문에 유대인들이 외국에 나가면 우선 그 나라에서 해서는 안 되는 것부터 신경을 쓴다. 금지 조항의 대략적인 요점을 미리 파악해두면 나머지는 그것을 응용해서 스스로 판단할 수 있기 때문이다. 그 나라, 그 지방에서 금지하고 있는 것을 알고 있는 최소한 그 나라 사람들의 반감을 사지 않는다. 이렇게 최소한의 지식을 최대한으로 활용하는 것이 국제화에 대처하는 지혜다.

20세기 미국 유대 사상가의 한 사람인 랍비 모르다하이 카플란 교수는 "국제주의란 자기 민족을 위해 아무것도 하지 않는 자의 평계에 불과하다"고 지적한다. 그는 국제주의만 외치면서 정작 자신의 국가와 국민을 위한 일은 아무것도 하지 않는 사람들의 무책임한 태도를 규탄했던 것이다.

그 유명한 IBM(International Business Machine)도 미국 내에서 확고한 기반을 다진 후 세계를 재패하겠다는 야심으로 해외로 진출하였고, 마침내 세계 제패를 실현하였다. 자기 나라에서 자신감이 없는 자는 해외로 나간다 해도 결코 성공할 수 없다.

이것 말고 다른 지구

 유대인 가족의 가장이 물었다.
"우리는 어디로 가면 좋을까요?"
그러자 관리는 자기 옆에 있는 지구본을 돌리면서
"이 나라에서는 이민을 억제하고 있으니까 안 되고,
이 나라에서는 경기가 좋지 않아 외국인의 입국을 금지하고
있어서 안 되고, 또 여기는 사막이니까……"라고
여러 나라를 차례차례 가리키면서 말했다.
그러자 유대인 가족의 어린이가 말했다.
"아저씨, 이것 말고 다른 지구는 없어요?"

··· 탈무드 실천법 32

지혜는 가장 값비싼 상품이다

무례한 자는 죄를 두려워하지 않으며, 대중은 경건하지 않다.
부끄럼을 타는 자는 배우지 못하며, 성질이 급한 사람은 가르치지
못한다. 또 장사에 지나치게 빠지는 자는 현명해지지 못한다.
사람들이 없는 장소에서 더욱 인간답게 행동하도록 힘써라.
미쉬나 「아보트」편, 2·5

네 자신을 위해 스승을 얻어라. 그리고 의심에서 벗어나라.
또한 지나치게 추측하지 말라.
미쉬나 「아보트」편, 1·16

부끄러움은 배움의 적이다

　　비단 사업뿐만 아니라 인생에서 커다란 결실을 맺은 사람들에게는 세 가지 공통된 요소가 있다.

　그 첫 번째는 끊임없이 자신의 일에 도전한다는 것이다. 사업가라면 밤낮을 가리지 않고 장사에 힘쓰고, 화가라면 데생에 몰두하며, 음악가라면 밤낮없이 연주에 열중하고, 학자라면 시간을 아껴가며 선학의 고전을 독파한다. 끊임없는 노력과 열정이 미래의 발전으로 이어지는 것이다. 기초가 확고히 서지 않은 상태에서 크게 성공한 사례는 없다.

　두 번째는 사람들로부터 존경을 받는다는 것이다. 달리 말하자면 자신을 진정으로 이해하고 적극적으로 지지해주는 사람들이 있어야 한다는 뜻이다. 바로 거기에서 서서히 인맥의 고리가 형성되고 그 고리는 계속해서 커져간다. 아무리 재능이 뛰어나도 자기만족만으로 그 재능은 완성되지 않는다. 많은 사람들로부터 공명과 공감, 그리고 평가를 받음으로써 비로소 그 재능이 꽃을 피우게 되는 것이다.

　세 번째는 배움에 적극적이라는 것이다. 배움은 닥치는 대로 지식을 머릿속에 집어넣는 것이 아니다. 영어의 'school'이라는 단어는 그리스어 'schole(스코레, 여유)'에서 온 말인데, 이것은 여유를 가지고 익힌 것만이 피와 살이 되고 지식이 되어 몸에 배는 것이라는 의미다.

유대인들 사이에서 오늘날까지도 많은 존경을 받는 현인 중의 한 사람으로 힐렐이라는 사람이 있다. 힐렐은 2,000여 년 전에 바빌로니아에서 태어났다. 그는 본래 장사를 했었는데 중년이 지나서야 학문에 뜻을 두고 예루살렘으로 갔다. 그는 세상 물정에 밝았고 후배들을 가르치는 것에도 뛰어났으며 예의 바르고 겸손한 천재였다. 기원전 30년 경부터 무려 40년 동안이나 그는 산헤드린에서 장로의 자리에 있었다.

그 당시 힐렐 못지않게 존경을 받았던 율법의 권위자 샴마이에게 이방인이 찾아와 이렇게 말했다고 한다.

"만약 당신이 내가 한쪽 다리로 서 있을 동안 유대교의 진수를 모두 설명해준다면 나는 유대교로 개종하겠소."

그 말에 샴마이는 화를 내며 이렇게 말했다고 한다.

"당치도 않다. 그렇게 간단히 유대교의 진수를 배울 수 있을 성싶으냐!"

그러고는 그를 내쫓아버렸다. 그러자 그 이방인은 힐렐을 찾아가 똑같이 말했고 힐렐은 다음과 같이 대답했다.

"그건 간단하오. '네가 하고 싶지 않은 일을 남에게 강요하지 말라.' 이것이 유대교의 전부요. 나머지는 이를 실천하는 지혜를 배워가면 되는 것이오. 자, 우리와 함께 성경을 공부합시다."

힐렐의 말에 감동받은 그 이방인은 바로 그 자리에서 유대교로 개종했다고 한다.

힐렐은 "무례한 자는 죄를 두려워하지 않으며, 대중은 경건하지 않다. 부끄럼을 타는 자는 배우지 못하며 성질이 급한 사람은 가르치지 못한다. 또 장사에 지나치게 빠지는 자는 현명해지지 못한다. 사람들이 없는 장소에서 더욱 인간답게 행동하도록 힘써라"라고 가르친다. 여기서 말하는 '대중'이란 일단 교육은 받았지만 생활에 진보가 없는 자를 가리킨다. 그 이유는 그들이 부끄럼을 타고 우유부단하여 언제까지나 배우기를 주저하기 때문이다.

또 대중은 비록 배우려 해도 선생에게 질문하는 것을 망설이기 때문에 이해가 느리다. 나아가 멋을 부려 질문하려고 하기 때문에 질문할 수 없는 것일 수도 있다. 그러나 모르는 것이 있으면 주저하지 않고 질문해야 한다. 바로 거기서 배움에 대한 확신이 움트기 시작하기 때문이다. "겁내지 않고, 주저하지 않고 질문한다." 이것이 배우기 위한 첫 번째 조건이다.

또한 유대교의 세계에서 배운 자는 후배에게 가르칠 의무가 있다. 그리고 실제로 지식은 남에게 가르쳐야만 비로소 그 자신의 것이 된다. 그러나 후배나 초심자가 이해하지 못한다고 해서 참지 못하고 화를 낸다면 그 참뜻을 전달할 수 없을 것이다.

장사에 너무 빠지면 정확한 판단을 할 수 없다

예로부터 유대교의 교사들을 일컬어 '랍비'라고 불렀다. 그러나 랍비들이 교직을 직업으로 삼았던 것은 아니다. 가르치는 것은 어디까지나 영예였으며 그들은 모두 생계유지를 위해 또 다른 일을 하고 있었다. 예를 들어 힐렐이 예루살렘에 있을 때 그의 직업은 나무꾼이었다. 이와 같이 랍비들은 비단 장사, 향료 장사 등 갖가지 직업에 종사하고 있었다.

『탈무드』는 "다른 사람의 원조를 받으며 성경 연구에 몰두하는 자보다 직업을 가지고 자기 스스로의 힘으로 살아가는 자가 더 위대하다"고 말한다. 그러나 다른 한편 "장사에 지나치게 열중하는 것도 바람직하지 않다"고 경고한다. 장사에 너무 열중하다 보면 이익 확보만을 노리는 술책을 쓰기 쉽고, 술책이 많아지면 추측이나 억측을 되풀이하게 되어 객관적 사실이나 원칙을 소홀히 할 수 있기 때문이다. 그것은 곧 실패로 이어지기 쉽다. 결국 많은 사람들이 항간에 떠도는 소문이나 억측에 빠져 사업의 장래를 제대로 보지 못하게 되면 경제는 붕괴될 것이다.

추측은 꼬리에 꼬리를 물고 또 다른 추측을 낳게 하며 사람들을 풍문에 휘둘리게 한다. 스스로 확인한 객관적 사실이나 정확한 자료를 토대로 판단해야 함에도 그렇게 하지 못하게 되는 것이다.

때문에 힐렐은 "사람들이 없는 장소에서 더욱 인간답게 행동하도록 힘쓰라"고 가르친다. 궁극적인 목적을 잃게 되면 아무리 열심히 배우거나 일해도 결국 자기만족이나 독선으로 흐를 가능성이 크기 때문이다.

또 힐렐의 아들 가마리엘은 "네 자신을 위해 스승을 얻어라. 그리고 의심에서 벗어나라. 또한 지나치게 추측하지 말라"고 조언

한다. 사물에 대해 의문을 갖는 것은 바람직하지만 제멋대로 억측을 부리게 되면 잘못된 견해에 빠지기 때문이다. 이를 극복하기 위해서는 자신이 품고 있는 의문을 스승에게 말하여 올바른 이해를 얻어야 한다. 또 올바른 추론 방법을 배워 객관적이고 합리적인 결론을 이끌어낼 수 있는 능력을 스스로 갖춰야 한다.

현명하다는 것은 지식의 양과 전혀 무관하며, 지식을 얻는 것만으로는 학문을 했다고 할 수 없다. 지식이 있어도 단편적인 사고방식이나 독선적인 견해만을 고집한다면 현명한 것이 아니기 때문이다. 현명하고 총명하다는 것은 조리 있고 이치에 맞는 사고를 하며 적절한 조언, 적절한 지침을 제시할 수 있다는 것을 의미한다.

경영자로서 대성공한 사람들은 모두가 잘 배우는 사람들이었다. 그 유명한 로스차일드 재벌의 창시자 마이어 암셀 로스차일드는 매주 토요일 오후 랍비들과 함께한 『탈무드』 연구를 무상의 기쁨으로 여겼다고 한다.

고전 연구는 일상생활과 동떨어진 세계처럼 보인다. 그러나 일상에서 벗어나 진리 앞에 마음을 비우고 앉으면 정신을 연마할 수 있는 것은 물론이고, 넓은 시야로 세상을 꿰뚫어볼 수 있는 능력 또한 갖출 수 있는 것이다.

현명해지고 싶다면 금전 거래 지식을 습득하라

유대인들은 예부터 배움, 즉 교육에 많은 열성을 보였다. 그들은 태어나자마자 탈무드를 쓰고 배우며 익힌다. 때문에 유대인들에게 배움은 생활의 많은 부분을 차지하고 있으며 언제나 익숙하다.

그렇다면 미래 기업을 선도할 차세대 경영자는 무엇을 배워야 하는가. 한마디로 말하면 '재무'다. 차세대 경영자는 전표를 읽고 자금을 조달하고 관리할 수 있어야 한다. 또한 매출 현황을 파악하고 분석하여 매상 예측을 할 수 있어야 하며 전반적인 재무에 대해 능통해야 한다. 아무리 좋은 제품과 우수한 직원이 있어도 자금 융통에 문제가 생기면 비즈니스는 유지될 수 없다. 아무리 규모가 큰 기업이라도 경영자가 금전 관리에 문외한이면 경영 위기는 피할 수 없다.

재무 감각을 익히는 것 외에 차세대 경영자가 반드시 배워야 할 것이 상법이다. 경영자는 어음법, 수표법, 민사 집행법, 민사 소송법, 민법, 노동법 등 기업 경영에 관련된 법을 대략 습득하고 있어야 한다. 법률에 관한 것이라면 변호사나 공인회계사에게 맡기면 된다고 생각하는 사람들이 많다. 그러나 전문가에게 맡기더라도 경영자가 사건의 방향을 정확하게 지시할 수 있어야 한다.

랍비 이시마엘은 "현명해지고 싶다면 금전 거래와 관련된 법률을 연구하라"고 말했다. 금전 거래나 재산권을 둘러싼 분쟁은 항상 치열하다. 또 금전과 관련된 명언이나 글귀는 그 무엇보다 피부에 와 닿는다.

지혜를 구하라

   어느 학자와 그의 제자가 의견을 나누고 있었다.
"선생님, 돈과 지혜 중 어느 쪽이 중요합니까?"
"물론, 지혜지."
"그럼 지혜가 돈보다 중요하다면 어째서 학자나 현자가 부자에게 아첨하는 반면, 부자는 학자에게 아첨하지 않는 거지요?"
그러자 학자는 천천히 대답하였다.
"학자와 현자는 현명하기 때문에 돈의 가치를 잘 알고 있으나, 부자는 다만 돈을 많이 가지고 있을 뿐 지혜의 가치를 모르기 때문이지."

머리맡에 두고 읽는 탈무드 지혜
5

"좋은 경제 운용은 좋은 정치이기도 하다"

빌 클린턴 전 미국 대통령의 재선 비결은 그동안 침체 위기에 놓여 있던 미국 경제를 회복시킨 데 있다. 그러나 클린턴의 경제 정책이 성공한 것은 그 혼자만의 힘이 아닌 그의 경제 정책을 떠받치고 있던 세 명의 유대 출신 인물 덕분이었다.

금융 정책을 담당하는 미국 연방준비제도이사회(FRB)의 의장 앨런 그린스펀(Alan Greenspan), 재무정책 담당인 재무장관 로버트 루빈(Robert E. Rubin), 미국 주식 시장의 개선에 크게 공헌한 미국 증권거래위원회(SEC) 의장 아서 레빗이 그들이다. 이 세 사람은 미국의 경제 성장과 활성화에 공헌한 일등 공신이라 할 수 있으며, 모두 유대 출신이다.

끊임없이 미지의 세계에 도전하라

로버트 루빈은 1938년 8월 29일 뉴욕에서 태어나 마이애미에서 성장했다. 할아버지는 민주당의 지도자였으며 부친 알렉산더는 마이애미에서 부동산업을 경영하는 변호사였다.

전통적인 뉴욕 유대인 집안 출신인 그는 하버드대학교에 입학하여 경제학을 전공하게 된다. 1960년 수석 졸업의 영예를 안고 졸업한 루버트 루빈은 하버드 대학 법대에 들어가지만 일주일만에 그만두고 런던대학교 경제학부로 옮긴다. 그곳에서 영국식의 경제학을 공부하고 이듬해인 1961년 가을에 다시 미국으로 돌아와 예일대학교 법대에서 착실하게 법률 지식을 쌓는다.

"자신이 납득할 수 있는 것을 얻기 위해서는 끊임없이 미지의 세계에 도전한다." 그것이 로버트 루빈이 취한 행동력의 원천이었다.

그는 1964년 사회법 전문가를 목표로 삼고 법률사무소에 들어가 2년 정도 근무했다. 그러던 중 1965년 사법시험에 합격, 변호사 자격증을 취득했다. 그러나 도저히 법률사무소는 적성에 맞지 않다고 판단한 로버트 루빈은 1966년에 투자 고문 회사 골드만삭스(Goldman Sachs)로 옮겼고 이후 26년간 투자와 금융의 최고 전문가로 평가받으며 월가의 베테랑으로 활약하게 된다.

그는 탁월한 법률 지식을 발휘하며 정부의 통상위원회 고문이나 예산위원회 고문, FRB의 국제자본시장위원회 위원, 증권거래위원회 시장감시위원 등 여러 공직을 역임했다. 또한 공화당 지지

자가 많은 금융계에 몸담고 있으면서도 민주당을 위해 선두에 서서 선거 자금을 모집하는 지휘자 역할을 했다. 그것을 계기로 로버트 루빈은 민주당 의원들과 돈독한 관계를 맺게 된다.

그는 증권계의 명문 골드만삭스의 회장직까지 오르지만 200만 달러의 연봉을 과감히 버리고 1993년 국가경제회의(NEC) 의장으로서 클린턴 전 대통령을 보필하게 된다. NEC 의장은 국가의 주요한 경제 정책을 기획·총괄·집행하는 자리로 한국으로 따지자면 청와대 경제수석에 비견되는 자리다. 루빈은 이어 1995년 클린턴 행정부의 제70대 재무장관에 발탁된 이후 과감한 재정 적자 축소 정책을 펼쳐 미국 경제를 대활황으로 이끄는 등 탁월한 재능을 유감없이 발휘했다.

미국 정계와 증시는 로버트 루빈이 미국 역대 재무장관 가운데 최고의 장관이었다는 찬사를 아끼지 않는다. 한때 전 세계 자금 시장을 좌지우지하던 로버트 루빈은 1999년 7월 세계 최대 금융 회사인 시티그룹의 실세 회장으로 추대되었다.

자신에게 엄하고 타인에게 관대하라

전임자였던 벤첸 장관이나 베이커 장관은 자주 해외에 나가 외교 정책을 펼쳤다. 그러나 로버트 루빈은 화려한 외교 의례에 시간을 할애하기보다 가능한 한 워싱턴에서 일했다. 전화로 처리할 수 있는 일이면 외국 방문은 되도록 삼갔다. 전화로 처리되지 않는 경우에만 24시간 전에 해외 방문을 결정했던 것이다. 그러한 그의 행동은 정부의 재정 책임자로서 공비를 최대한 아껴 쓰며 위기에 처해 있는 재정을 구하려고 했던 그의 의지를 보여준다.

로버트 루빈의 하루 일정은 매우 빡빡했다. 아침 일찍 뉴욕 호텔에서 월가의 대표들과 조찬을 끝내자마자 즉시 워싱턴으로 날아가 재무부로 향했다. 오후에는 필라델피아로 날아가 흑인 대표들로부터 복지 예산에 관한 의견을 들었고, 저녁에는 다시 워싱턴으로 돌아와 클린턴 대통령과 협의했다. 그는 심야가 지나서야 간신히 집무에서 해방되어 뉴욕 교외에 있는 자택으로 향할 수 있었다.

그는 장거리 이동에 경비행기를 이용했으며 그 경비는 자신이 부담했다. 자신의 돈으로 처리할 수 있는 일에는 결코 공비를 쓰지 않았던 것이다.

이렇듯 겸손하고 청렴결백한 성품으로 인해 루빈은 많은 사람들의 지지를 얻었다. 이러한 그의 모습은 "재무를 맡는 자는 자기 자신에게 엄하고 타인에게 관대해야 한다"고 가르친 유대의 현인 마이모니데스를 연상케 한다. 로버트 루빈의 겸손하고 청렴결백한 성격은 유대교로의 귀의에 힘입은 바가 컸을 것이다.

세계 경제의 마법사

로버트 루빈이 지금까지 해온 일 중에서 대서특필할 만한 업적을 꼽는다면 단연 멕시코 경제 재건일 것이다. 미국은 과거 멕시코에 무려 120억 달러나 되는 융자를 해줬기 때문에 만약 멕시코의 경제 파탄이 현실화된다면 미국도 연쇄 도산의 위기에서 벗어날 수 없는 상황이었다.

로버트 루빈은 골드만삭스에 있을 때 멕시코 투자를 직접 담당하고 있었기 때문에 멕시코의 경제 사정을 훤히 꿰뚫고 있었다. 그런 루빈의 경력을 높이 산 클린턴이 그를 재무장관에 임명한 것이다.

로버트 루빈은 멕시코 정부에 대해 철저한 긴축 재정과 합리화를 요구했다. 인구 8,000만 명의 멕시코 내에 300만 명의 실업자가 나오는 등 비참하다 할 정도로 멕시코 정부의 긴축 정책을 조종했다. 그러나 그 결과 멕시코는 최악의 경제 위기를 모면할 수 있었고 해외로부터의 개인 투자도 늘릴 수 있었다. 그 사이 미국은 멕시코에 융자해준 120억 달러의 4분의 3을 회수했다.

이뿐만이 아니다. 로버트 루빈은 재임 기간 중 아시아 금융 위기 사태와 러시아 대외 채무 동결 사태등 세계 경제 위기를 극복해 나가는 데 큰 공헌을 했다. 그는 시장에 대해 동물적 감각을 지닌 세계 경제의 마법사로 통했다.

프로는 실적으로 증명한다

로버트 루빈의 실력은 예산 운영에서 더욱 빛을 발한다. 1996년 당시 대통령 선거 때 공화당 돌 후보는 부자든 가난한 자든 일률적으로 15%를 감세하겠다는 공약을 내걸었다. 일률적으로 15%를 감세한다고 하면 언뜻 듣기에 공평해 보인다. 그러나 가난한 사람 입장에서는 15%를 감세한다고 해도 생활이 나아지는 것은 아니었으며, 부자 입장에서도 그 정도의 감세로 투자 의욕이 높아지는 것은 아니었다.

이에 당시 민주당 후보 클린턴의 수석경제고문이었던 로버트 루빈은 더욱 실효성 높은 예산 운영을 강구했다. 그것은 분야별 감세였다. 투자를 필요로 하는 분야에 대해서는 감세 조치를 취하고 적자 분야에 대해서는 철저한 예산 삭감 정책을 실시한다는 것이다.

예컨대 장기간 생활보호 대상이었던 자를 고용하는 기업에 대해서는 고용주에게 세제상의 우대를 해주었고, 저소득자가 많은 지역에 진출하는 기업에 대해서는 세제 개선을 통한 장려책을 내놓았다.

나아가 그는 소유 주택 매각으로 얻은 이익 가운데 최대 50만 달러까지 과세 대상에서 제외시키자고 제안했다. 자본 소득(Capital Gain) 없이는 활발한 자본 투자가 있을 수 없고, 섣불리 자본 소득에 대해 과세를 강화했다가 그 징세에 필요한 인건비나 사무비로 세금을 날리는 것보다는 차라리 과세하지 않는 쪽이 낫다고 판단했기 때문이다. 이 또한 월가 출신의 투자 고문다운 발상이었다.

루빈은 재정이 적자냐 흑자냐의 문제도 중요하지만, 정부기관이 국민의 기대에 충분히 부응할 만한 활동을 하고 있느냐도 중요하다고 생각했다. 그래서 그는 재무부 관할 법무관리 부문, 즉 세관국, 기밀국(Secret Service), 술·담배·화약 관리국의 활동을 직접

재점검하여 지금까지 묵과하고 있었던 부문에도 국민의 기대가 집중되고 있다는 것을 보여주었다.

그 결과 마약 거래나 마약 거래를 통한 부정 자금의 돈 세탁(Money Laundering)에 대한 감시가 강화되었고 서서히 그 효과가 나타나기 시작했다.

당리당략에 얽매이면 옳은 판단을 할 수 없다

로버트 루빈은 "좋은 경제 운용은 좋은 정치이기도 하다(Good economics can also be good politics)"는 신념을 가지고 있다. 그는 보다 좋은 경제 정책을 기획하고 실행하기 위해서는 좋은 정치적 파워가 요구된다는 것을 잘 알고 있었다. 이 때문에 매주 목요일 아침은 언제나 FRB 의장 앨런 그린스펀과 함께 아침식사를 하면서 미국 및 중남미, 유럽, 구소련, 아프리카, 아시아 등 세계 전반에 대해 의견을 교환했다. '재정 정책의 최종 판단은 로버트 루빈, 금융 정책의 최종 판단은 앨런 그린스펀'으로 각각 독립되어 있었지만 정보 교환에 있어서만큼은 두 사람이 밀접한 관계에 있었던 것이다.

그는 또한 스스로 정치적 판단을 내리는 것에 대해서도 결코 주저하지 않았다. 당시 브라운 상무장관의 갑작스런 죽음으로 상업 정책의 최고 의사 결정에 공백이 생겼을 때 로버트 루빈은 주저하지 않고 "미키 캔터, 그가 최적이다"라고 클린턴에게 추천했던 것이다. 로버트 루빈이 의장을 맡고 있었던 NEC의 후임에 로라 타이슨 전 버클리 대학 경제학 교수를 추천한 것도 바로 그 자신이었다.

로라 타이슨은 경제학자들이 사용하는 난해한 경제 용어를 쉽고 정확하게 구사하며 여성이 경제에 공헌할 수 있다는 것을 실증해준 장본인이며, 경제자문위원회(CEA) 의장으로 선출된 인물이기도 하다.

살피고 판단하는 데 있어서 로버트 루빈은 누구보다도 신중했으며 매사에 조심스럽고 진실된 자세로 임했다. 그는 당리당파에도 가담하지 않았다. "우리가 국민의 기본적인 권리를 옹호하는 정책을 명확히 내세우고 있는 한 정치적으로는 반대 입장에 있는 공화당이라 할지라도 우리의 정책 수행 그 자체에는 반대하지 않을 것이다." 루빈은 이것이 진정한 정치가의 사명이라고 생각했다.

유대인의 삶의 철학

부자가 되기를 원한다면 베풀어라.

한 자루의 초로 여러 자루의 초에 불을 붙여도

처음의 초의 불빛은 약해지지 않는다.

건강은 곧 재산이다.

공공의 복지와 번영을 우선시하라.

생육하고 번성하여 땅에 충만하라.

네가 하고 싶지 않은 일을 남에게 강요하지 말라.

의견이란 대립하기 마련이다.

토론장이란 찬반보다는 다양한 의견을 제시하는 곳이다.

평생 톱니바퀴가 잘 돌아가게 하기 위해서도

일시적으로 톱니바퀴를 어긋나게 할 필요가 있다.

현인을 먼저 구출하라.

사람들이 안심하는 동안 변화를 생각하라.

마음에 여유가 있는 자는 벼랑 끝에서도 사방을 살핀다.

위험 영역에는 절대로 출입하지 말라.

위기가 없을 때 위기를 생각하라.

지혜가 없는 자는 매사에 뒤진다.

네 자신을 위해 스승을 얻어라.

··· 부록

유대인과 『탈무드』

역경과 유랑의 5,000년 역사

정확히 파악할 수는 없지만 지금 전 세계에 흩어져 있는 유대인은 약 1,400만 명으로 추정되고 있다. 이 유대인들의 역사는 그야말로 오랜 박해와 이산과 고통의 연속이었다. 기원전 1700년부터 기원전 1300년까지 무려 400년 동안 이집트의 노예가 되어 피라미드 건설이나 목축 등에 혹사당했고, 기원전 538년부터 기원전 333년까지 페르시아에 지배당했으며, 기원전 333년부터 기원전 166년까지 유대 민족은 그리스 제국의 지배하에 갖은 박해를 받으면서 그리스화(化)를 요구받았다.

그 후 8세기부터 9세기에 걸친 프랑크 왕국에서 유대인은 '왕의 동산(動産)'으로 취급당하면서 무역이나 상업 등의 분야에 이용되었고, 14세기 말부터 15세기에 걸쳐 이단 신문 제도를 단행한 스페인에서 기독교로 강제 개종되었다. 이에 저항한 유대인 7,000여 명은 산 채로 타 죽었으며, 10만 명이 고문으로 죽었고, 또 다른 10만 명은 해외로 추방당했다.

유대인의 대학살의 현대적 예는 '홀로코스트(Holocaust)'다. 홀로코스트란 나치가 1933년부터 1945년까지 12년 동안 자행한 유대인 대학살을 말한다. 유대인 대학살은 유럽에 있는 모든 유대인을 집단 소멸시키려 했던 나치의 마지막 해결책이었는데, 아돌프 히틀러에 의해 자행된 이 대학살은 그가 총리가 된 지 한 달도 채 되지 않아 시작되었다. 유대인 소유 기업은 곧 파산했으며 유대인은 지방 정부와 법원, 대학에서 추방당했다. 유대인은 전염병을 옮기고 어린아이 유괴나 일삼은 천민으로 취급받았을 뿐만 아니라 수많은 유대인들이 집단 수용소로 이주되어 학살당했다.

오랜 세월 동안 이렇게 박해와 유랑이라는 운명 속에서 살아가야 했던 유대인은 수많은 고통 앞에 무릎 꿇기는커녕 이스라엘 민족이라는 자부심과 긍지를 버리지 않고 강인한 저항력으로 상호 단결하여 자신들의 문화를 지켜왔다.

그들이 그렇게 할 수 있었던 비결은 유대인의 독특한 전통과 문화, 그리고 사고방식에 있다 할 수 있으며, 이러한 것들을 유대인의 생활 속 깊이 뿌리내리게 한 것은 바로 『토라』와 『탈무드』다. 수천 년 동안 면면히 이어져오며 유대인들을 불굴의 정신과 지혜와 용기로 지켜냈던 그들의 철학과 사상에 대해 좀 더 자세히 알아보자.

십계명과 토라

유대교가 종교로서 교의를 갖추고 여러 가지 계율과 법령을 제정하기 시작한 것은 기원전 1300년 경 엑소더스(Exodus, 이집트 탈출) 이후부터다. 모세의 인도 아래 이집트를 탈출한 60만 명의 이스라엘 민족을 통솔하는 지침서로서 「십계명(Ten Commandments)」이 제정된 것이다. 「십계명」은 유대인 생활의 기본 방침이며 그 내용은 다음과 같다.

1. 나 이외의 다른 신들을 섬기지 말라.
2. 너를 위하여 새긴 우상을 만들지 말라.
3. 너의 하나님 여호와의 이름을 망령되어 부르지 말라.
4. 안식일을 기억하여 거룩히 지키라.
5. 네 부모를 공경하라.
6. 살인하지 말라.
7. 간음하지 말라.
8. 도적질하지 말라.
9. 네 이웃에 대하여 거짓 증언을 하지 말라.
10. 네 이웃의 재물을 탐내지 말라.

「십계명」은 하나님 여호와를 중심으로 60만 명의 이스라엘 민족이 단결하여 사회 질서를 지키는 가운데 생활해가자는 언약이다. 이 계명은 후대 모든 이스라엘 율법의 기초가 되며 그들의 고유 전통을 보존하는 데 중요한 역할을 하게 된다.

유대인은 십계명을 일컬어 『토라』라고도 한다. 『토라』는 '가르침 또는 지시(指示)'라는 의미를 갖는 말이다.

그러나 유대인들은 열 가지 항목밖에 없는 「십계명」만으로 도저히 일상생활에서 일어나는 수많은 문제나 사건을 처리할 수 없었다. 그래서 「십계명」을 보완하는 여러 가지 율법이나 명령, 이와 관련된 사건이나 에피소드를 기록하기 시작했다. 그것들을 모은 문헌을 유대인은 『세펠 하토라(토라서)』 또는 『훔마쉬(5경)』라고 부른다. 즉 『구약성경』의 제1부인 「창세기」, 「탈출기」, 「레위기」, 「민수기」, 「신명기」의 5권이 『토라』, 즉 『모세 5경』이 된 것이다.

'토라'를 영어로 '법(Law)'이라고 해석하는 경우가 많다. 그 이유는 「십계명」을 하나님이 이스라엘 민족에게 내린 기본법으로 생각했기 때문이다. 그러나 영어의 'law'와 히브리어 '토라'가 의미하는 내용은 크게 다르다.

'토라'를 '법'으로 해석하게 된 배경에는 '토라'란 말을 헬레니즘 시대에 '노모스(nomos, 법)'라는 단어로 해석한 데 있다. 그리스어 '노모스'는 '목장이나 가축이 있는 장소에서의 질서'라는 의미를 가지고 있으며, 과거의 관습에 기본을 두고 있는 관습법이다. 영어의 'law'나 'nomos'와는 반대로 '미래를 향한 지침'이라는 의미를 가지고 있는 것이다.

유대인은 문제에 직면할 때마다 『토라』를 지침서로 삼아 앞으로 나아가야 할 방향과 해결 방법을 강구해왔다. 『토라』에는 반드시 지켜야 하는 의무 명령이 248개조, 절대로 해서는 안 되는 금지 명령이 365개조, 합계 613개조나 되는 명령 규정이 명시되어 있다. 그로부터 오랜 세월이 흐르는 동안 더욱더 많은 원칙이 거기에서 발전되어 왔다.

1세기 초 무렵부터 힐렐과 샴마이라는 두 명의 학자가 주축이 되어 『토라』만으로는 해결할 수 없었던 사례에 대하여 법적인 견해와 옳고 그름에 대한 기준을 집대성하기 시작했다.

유대 법전 『탈무드』

유대교에서는 『토라』에 의거한 무수한 법규를 총칭하여 '할라가(Halakhah, 유대법의 규범)'라고 부른다. 히브리어 '할라카'는 '할라후(걷다)'에서 유래된 말로 '많은 선인들이 이미 밟아온 실증된 길·규법'이라는 뜻을 가지고 있다. 2세기 말에 이르러서야 그 때까지 구전으로 계승되어 온 모든 '할라카'가 유대의 육법전서인 『미쉬나(Mishinah)』에 수록된다.

『미쉬나』는 모두 6부로 구성되어 있다. 1부는 '씨앗'(Zeraim, 농사에 관하여) 2부는 '절기'(Moed, 축일에 관하여), 3부는 '여자'(Nashim, 결혼·이혼 등 가정사에 관하여), 4부는 '손해'(Nezikin, 민법·형법·재판에 관하여), 5부는 '성물(聖物)'(Kodashim, 제사·성전 의식에 관하여), 6부는 '정결(淨潔)'(Teharoth, 제의적인 정결과 부정에 관하여)로 구성되어 있다.

이 6부는 또 63편 525장 4,187절로 세분화되어 있는데, 단어 수만 무려 250여 만 개가 되며, 쪽수는 5,894쪽 달하는 엄청난 분량을 자랑한다. 『미쉬나』의 문장은 너무 간결하여 그것만으로는 어떻게 판단해야 될지 불명확한 경우가 많았다.

그래서 『미쉬나』의 내용을 둘러싸고 그 적용 범위 등에 대한 해석이나 의견·토론을 수집하여 기록한 『게마라』가 만들어졌으며, 다시『게마라』를 기본 텍스트로 삼아 다양한 토론을 거쳐 주석을 추가한『토세프타』가 만들어졌다. 유대 법전『탈무드』란『미쉬나』,『게마라』,『토세프타』를 한데 모아 편찬한 것이다.

『탈무드』는 4세기에 팔레스티나에서 어느 정도 정리되었지만 편찬이 완료된 것은 6세기경 바빌로니아에서였다. 일반적으로『탈무드』하면『바빌로니아 탈무드』를 가리킨다.

'탈무드'는 '배움, 학문, 연구'를 의미

『구약성경』전체의 편찬이 완결된 것은『미쉬나』편찬과 같은 시기인 2세기 중엽이었다.『구약성경』는『토라』부분과 예언자의 가르침을 정리한「네비임(Nebiim, 예언서)」부분, 그리고 그 외 문학이나 기록을 모은「케투빔(Kethubim, 성문서)」부분으로 구성되어 있다.

유대인은『구약성경』의「네비임」과「케투빔」부분을「십계명」과『모세 5경』을 보완하는 중요한 기록으로서 받아들였다. 기독교의『신약성경』도 2세기경에 정리되었지만, 유대인들의 눈에는 이 단서로 비추어졌기에 성전으로서 간주되지 않았다.

'미쉬나'는 '학문, 가르침'을 의미한다. 이는 '반복'이란 뜻을 가진 히브리어 '쉬나'에서 유래된 말로 '미쉬나'란 '반복해서 가르치는 구전'을 의미한다. 종이가 귀했던 옛날에는 뭐든지 선생으로부터 배운 사항을 입으로 몇 번이고 반복하여 몸에 익혔던 것이다.

'게마라'는 '완결, 완료'를 의미한다. 이는 『토라』 이후 유대의 가르침이 문헌으로서 어느 정도 마무리되었다는 것을 시사하고 있다. 그러나 실제로 『게마라』만으로는 불충분했기 때문에 더 많은 논의를 거쳐 『토세프타』를 편찬한 것이다.

『탈무드』는 『미쉬나』를 중심으로 활발하게 논의된 유대교의 법률·전통·관습·축일·민간전승·설화 등 유대 민족의 지적 재산과 정신적 자양분을 집대성한 것이다. '탈무드'란 말은 '라마드(배우다)'라는 동사에서 나온 말로 '배움, 학문, 연구'라는 뜻을 가지고 있다. 『탈무드』는 단순한 문헌이 아닌 '위대한 연구'·'위대한 학문'·'위대한 고전 연구'인 것이다.

1% 부자들의 탈무드 실천법

유대인의 비즈니스는 침대에서 시작된다

초판 1쇄 발행　2013년 11월 20일
초판 3쇄 발행　2013년 12월 30일

지은이　테시마 유로
옮긴이　한양심
펴낸이　신민식

책임편집　경정은
편집　김미란
디자인　전아름
마케팅　계소영
경영지원　김경희

펴낸곳　가디언
출판등록　2010년 4월 27일
주소　서울시 마포구 서교동 394-66 동우빌딩 3층
전화　02-332-4103(마케팅)　02-332-4104(편집실)
팩스　02-332-4111
인쇄·제본　(주)상지사 P&B　종이　월드페이퍼(주)

ISBN 978-89-94909-38-7　13320

책값은 뒷표지에 있습니다.
잘못된 책은 구입한 곳에서 바꿔드립니다.
이 책의 전부 또는 일부 내용을 재사용하려면 사전에 가디언의 동의를 받아야 합니다.

「이 도서의 국립중앙도서관 출판시도서목록(CIP)은 서지정보유통지원시스템 홈페이지(http://seoji.nl.go.kr)와 국가자료공동목록시스템(http://www.nl.go.kr/kolisnet)에서 이용하실 수 있습니다.(CIP제어번호: CIP2013023085)」